书山有路勤为径,优质资源伴你行
注册世纪波学院会员,享精品图书增值服务

U0449373

唤醒孩子的学习力 ①

搭建学习的底层系统

边玉芳 ◎ 著

电子工业出版社
Publishing House of Electronics Industry
北京·BEIJING

未经许可，不得以任何方式复制或抄袭本书之部分或全部内容。
版权所有，侵权必究。

图书在版编目（CIP）数据

唤醒孩子的学习力. 1，搭建学习的底层系统 / 边玉芳著. -- 北京：电子工业出版社，2025.1. -- ISBN 978-7-121-49079-8

Ⅰ. G791-49

中国国家版本馆 CIP 数据核字第 2024FV5877 号

责任编辑：刘琳琳
印　　刷：北京天宇星印刷厂
装　　订：北京天宇星印刷厂
出版发行：电子工业出版社
　　　　　北京市海淀区万寿路173信箱　邮编：100036
开　　本：720×1000　1/16　印张：16.25　字数：220千字
版　　次：2025年1月第1版
印　　次：2025年8月第4次印刷
定　　价：65.00元

凡所购买电子工业出版社图书有缺损问题，请向购买书店调换。若书店售缺，请与本社发行部联系，联系及邮购电话：（010）88254888，88258888。
质量投诉请发邮件至zlts@phei.com.cn，盗版侵权举报请发邮件至dbqq@phei.com.cn。
本书咨询联系方式：（010）88254199，sjb@phei.com.cn。

总序

2018年，我和我的团队曾做过一个全国性调研。我们问全国近20万名孩子一个问题："你的爸爸妈妈最关心的是你哪方面的发展？"80%的孩子说爸爸妈妈最关心的是他们的学习情况。如今，时间过去了6年，我们这几年的多个调查结果依然证明这样的状况并没有改变。

爸爸妈妈关心孩子的学习有错吗？当然没错！学习是一种能力，是孩子一生的财富。孩子在学校的学习，是他们这段人生经历中最重要的任务。要顺利完成这个任务，他们需要充分运用注意力、思维能力、问题解决能力、自控力、坚韧力等多种能力和品质，他们也在这一过程中慢慢长大、成熟。当一个孩子发自内心地热爱学习，愿意铆足劲儿去摸清学习的门道、享受学习的乐趣、不屈不挠地应对学习中的困难和挫折的时候，他不仅收获了丰富的知识，培养了文化底蕴，具备了一个合格的现代人应当具有的基本知识素养，更在这个过程中培养了积极、健全的心理品质，能让他在充满挑战和机遇的世界中不断克服困难、解决问题，锲而不舍地追寻自我价值的实现，去体验更美好的人生。

这也是我们希望学习这件事在孩子身上能够产生的影响。

因此，学习的重要性不言而喻。但值得深思的是，很多家长不仅把孩子的学习视为"头等大事"，一些家长甚至把学习成绩看作孩子成长过程中唯一重要、改变命运的事，且这种情况近年来愈演愈烈，家长对孩子学习的关心程度有增无减，焦虑和困惑也越来越多。

于是，不知从何时开始，"陪娃写作业写进医院"这样的话题隔三岔五就能上一次"热搜"：有家长情绪失控把孩子打进医院的，有家长把自己气病了进医院的……每次都是换了主角、换了方式，本质还是一样——家长和孩子总是在学习的"战场"上"短兵相接"，平时再怎么父慈子孝，碰到学习的事，少不得一顿"鸡飞狗跳"。到如今，大家甚至对这样的"热搜"已经见惯不怪了。

每次看到这样的话题，对一辈子都在做儿童研究、为孩子更好地成长发展而努力工作的我而言，内心总是充满了伤感、无奈及挫败感。抓孩子的学习是有方法的，如何让孩子爱上学习、取得好的学习效果，这个主题心理学家、教育学家已经进行过成千上万次研究了，我本人对此也做过深入的探讨，但问题是，这些成果并没有被我们的家长好好地理解和掌握，这也是我决定写这套书的初衷。结合我本人多年的研究实践，经过与很多家长的深入沟通，我和我的团队耗时数年悉心编写的这套"唤醒孩子的学习力"终于与大家见面了。我想说的是，这套书与市面上很多讲家庭教育和孩子学习的书有很大不同。因为它既不是讲我个人的成功育儿经验，也不是讲某个学科具体该如何学习，而是立足于心理学、教育学、脑科学等综合的视角，从学习的本质出发，从孩子学习发展的一般规律出发，让家长既了解学习，又了解孩子，从而掌握对孩子整体的学习进行科学指导的路径和方法。因此，这是一套适合绝大多数中国家长的学习力指导书。

我们希望这套书能够让家长朋友们明白以下几点。

只关注孩子学习的家长不是好家长，但不关心孩子学习的家长也不是好家长。孩子过好一生需要多方面能力，仅仅只是学习成绩好是不够的，许多能力和品质在人一生的发展中比学习成绩更重要。有许多家长只关心孩子的成绩，不关心孩子是不是喜欢学习，也不关心孩子的品德发展与人格培养，导致出现一些"高分低能"的孩子，这对孩子一生的发展非常不利。当然，家长不关心孩子的学习也是不可取的。有些家长认为，"自己家里经济条件不错，孩子不用辛苦学习，未来也不愁吃穿，不爱学就不学吧"，这种想法是要不得的，因为学习是孩子最重要的任务，孩子只有在这个对其而言重中之重的任务中体验到成就感和幸福感，勇于面对学习中的困难，才能培养出自信心、抗挫折的能力、乐观的精神，才能真正为他们一生的幸福奠基。

孩子不仅要学习成绩好，还要爱上学习，让学习成为他们终身的习惯。我们关心孩子的学习不仅要关心他们的学习结果、关心他们当下成绩好不好，还要关注他们是不是喜欢学习，有没有将学习视为他们终身的习惯。在当今这个知识和信息铺天盖地的时代，不能只是把孩子视为知识的容器，而要让孩子学会学习、爱上学习。孩子的学习也不是到中考、高考就结束了，没有自主学习的能力、终身学习的习惯，孩子未来的人生也是很难走的。

影响孩子学习的因素是多方面的，绝不仅仅是智商和学习时间，只靠加班加点地学习并不能取得理想的效果。许多家长错误地认为，孩子学习成绩好要么是因为孩子聪明，要么是靠花比别人更多的时间得来的，其实，花在学习上的时间对学习成绩而言诚然非常重要，但二者并不成正比。另外，大家总认为学习只能是苦的，实际上，学习不只有死记硬背、一味苦学这样的方法，在玩中学、学得有趣，更能取得好的效果。让孩子养成良好的学习习惯，掌握有效的学习方法，激发孩子的内在学习动机，把学习作为自己的第一需要，这对孩子非常重要。

所以，我们希望家长关心孩子的学习，不仅关心家庭作业和考试成绩，还要把关注点放到"学习力"的培养上。学习力，简单地说就是学习能力。为了帮助家长理解，我们提出了学习力"一体两翼"模型：孩子的学习力就像一架飞机，飞机的机身是认知能力，如注意力、记忆力、思维能力等，这是学习的基础；飞机的一翼是学习动机，这是孩子主动学习的驱动力，也是这架飞机的动力装置；飞机的另一翼是学习方法，这是让孩子学得又快又好的助推器。对于孩子的学习而言，这三者缺一不可。

根据这个模型，我们将孩子学习力的培养分解到3册书中。

第1册是"搭建学习的底层系统"。顾名思义，就是要帮助家长搭建起培养孩子学习力的底层系统。这包括两个方面：一是让家长全面、科学、深入地了解"学习"，让家长走出以往的认识误区；二是让家长了解孩子的学习特点。这两方面正是家长帮助孩子提升学习力的底层基础。在此基础上，我们让家长学会如何唤醒孩子的学习动机，为孩子提供一个良好的学习环境。

第2册是"运用高效的学习方法"。第1册的基础打好了，接下来就要通过恰当的方法训练孩子的学习能力，同时帮助孩子找到适合自己的学习方法，一点点丰富孩子的学习力体系。因此本册内容主要聚焦于以下方面：让孩子的学习变得有趣；让孩子养成良好的学习和阅读习惯；让孩子掌握高效的学习方法；让孩子体验学习中的积极情绪；让孩子学会正确使用互联网和电子产品。

第3册是"掌握有效的学习技能"。本册聚焦孩子的个性化学习，希望家长能够帮助孩子打造属于他自己的学习技能。我们从专注力、时间管理、自我评估与自我激励、缓解考试焦虑四个方面，结合学习的具体任务，给出多种方法和技能，家长通过和孩子一起梳理、实践，帮助孩子找到最适合自己的学习技能。

我们还专门设计了一个"学习力"模型的总结活动。家长可以把阅读过程中生成的想法、行为的改变、对孩子学习力的针对性提升，做一个系统全面的梳理。这个步骤需要带着孩子一起做，在一起做的过程中，你可能会发现，在阅读和实践的过程中，你和孩子的改变已经发生。

在三十多年的从教和研究生涯里，我一直在做的事就是读懂孩子，帮助孩子健康发展，缓解家长育儿的焦虑，这也是我毕生的工作目标和追求。本套书也是我践行本人追求的一个体现。为了这套书，我和我的团队做出了巨大的努力。在这里，我要感谢我的博士生们，他们分别是参与第1册书写作的胡惠平、刘佳；参与第2册书写作的于洋、罗文建；参与第3册书写作的彭顺绪、李天畅。同时，要特别感谢汤振君老师，她自始至终与我一起反复与同学们讨论、定稿直到校稿，陪我走过让本套书得以出版的每个流程。

同时也借这一机会，感谢本套书的编辑刘琳琳，她的负责、专业和细心让本套书得以顺利出版。最后要感谢张志军老师对本套书出版的策划及诸多指导，谢谢张老师的倾力支持。

希望本套书的出版能帮助家长更好地指导孩子学习，让家长轻松、孩子自觉。但要提醒家长的是，每个孩子都是不一样的，时代也在发生着变化。家长一定要抱持极大的耐心及对孩子的理解和尊重去指导孩子学习，等待教育的开花结果。

最后，欢迎广大读者朋友对本套书多提宝贵意见，我们会不断完善书中内容。愿我们一起努力，让所有的孩子好好学习、天天向上，健康快乐地成长！

目录

第一章 | 走出孩子学习的认识误区 / 001

第一节　误区一：学习时间越长，学习成绩越好　/ 003

第二节　误区二：要求越高，学习成绩越好　/ 010

第三节　误区三：练习越多，学习成绩越好　/ 018

第四节　误区四：孩子智力越高，学习成绩一定越好　/ 026

第二章 | 理解孩子学习的本质 / 032

第一节　科学认识学习　/ 035

第二节　搭建孩子学习的底层系统　/ 053

第三章 | 掌握不同阶段孩子的学习特点 / 075

第一节　学前阶段孩子的发展特点与重点学习任务　/ 077

第二节　小学阶段孩子的发展特点与重点学习任务　/ 099

第三节　中学阶段孩子的发展特点与重点学习任务　/ 119

第四章 | 唤醒孩子的学习动机 / 141

第一节 学习动机从哪里来 / 143

第二节 让孩子对学习产生兴趣 / 153

第三节 培养孩子的成长型思维 / 165

第四节 培养孩子的学习自我效能感 / 174

第五章 | 为孩子提供良好的学习环境 / 189

第一节 打造适宜学习的家庭物理环境 / 191

第二节 营造适宜学习的家庭心理环境 / 201

第三节 在家庭活动中促进孩子学习 / 217

第四节 家校合作，为孩子学习提供强大合力 / 231

参考文献 / 246

第一章
走出孩子学习的认识误区

对每个家庭来说，孩子的学习几乎都是头等大事。家长不惜投入大量的人力、物力、财力，只为了让孩子"学习好"。但现实情况是，并非投入越大，效果就越好。很多时候，家长感到无比困惑：家长为了孩子付出一切、牺牲自己，孩子却不领情，并不认为学习是自己的事；对孩子高标准、严要求，工作之余还要辛苦监督孩子的学习，孩子的成绩却丝毫不见起色；为孩子买了一本又一本辅导书、练习册，孩子也用功地一遍又一遍"刷题"，还是"一考就废"……许多家长常常产生不知如何是好的无力感。

家长的用心良苦固然令人感动甚至让人钦佩，但如果我们在错误的方向上努力，自然难以抵达理想的目的地，甚至损害孩子的学习热情，埋没孩子的潜能。对于孩子的学习，许多家长存在很多认识误区。在系统阐述让孩子学会学习这件事之前，我们先要帮家长厘清这些误区，这样才能调整方向，走上正确的"劝学"道路。

观点提要

1. 关于孩子的学习，你可能误解的那些事：

（1）孩子学习时间越长，学习成绩肯定越好。

（2）给孩子的压力越大，孩子越有紧迫感，学习成绩肯定越好。

（3）孩子"刷题"越多，学习成绩肯定越好。

（4）孩子的智力越高，学习成绩肯定越好。

2. 关于孩子的学习，你需要调整的认识：

（1）影响孩子学习效果的是有效学习时间，而不是单纯的学习时长；学习时间越长，未必效果越好。

（2）高标准、严要求的教育方法反而会损害孩子的学习动机和学习自主性。给予孩子恰当的要求和压力，才能使孩子快乐学习，稳步前进。

（3）有目标的适度练习能够提高孩子的学习成绩。盲目地"刷题"、追求解题量则会白白消耗孩子的学习精力和热情。

（4）孩子的学习成绩受到智力因素和非智力因素的共同影响，所谓"智商"并不是决定孩子成绩好坏的唯一因素。

第一章　走出孩子学习的认识误区

第一节

误区一：学习时间越长，学习成绩越好

家长困惑　孩子很听话，我一直鼓励他学习要勤奋、要努力，他也确实一天到晚趴在书桌前学习，但是孩子的成绩就是不见起色。难道孩子的学习时间还不够长吗？可是他们班有些成绩好的孩子除了学习，还天天参加这个比赛、那个表演，学习时间都是哪里来的呀？

从幼儿园的学前班开始，到小学、初中、高中，孩子的学习时间变得越来越长。在幼儿园和小学阶段，孩子的玩心还比较重，为了增加孩子的学习时间，有些家长"威逼利诱"，一直在"锻炼"孩子在书桌前的"定力"，孩子小小的身影长时间待在书桌前的场景屡见不鲜。而到了中学阶段，特别是初三和高三，孩子除了睡觉和吃饭，几乎没有娱乐时间，都在习题和课本中度过。不少住校的孩子表示，吃饭就像打仗一样，囫囵吞完赶紧回教室学习，在饭桌上多浪费一分钟，别人就比自己多学一分钟。有的家长和老师还要求孩子"只要学不死，就往死里学"，更有甚者，家里和教室的墙壁上张贴着"生时何必久睡，死后自会长眠"的标语，认为孩

子在学生阶段的任务就是学习，时间也应该都花在学习上，只要现在努力熬过去，将来就轻松了。

如表1-1所示的某中学学生作息时间表实在令人心惊。相信很多中学生可能都经历过这种精确作息：天还没亮就开始了一天的学习，在一天中，学习时间精确到每分每秒，甚至连吃饭都要跑步来回，上厕所的时间也被严格限制。这么长时间、高强度的学习，孩子的学习成绩一定很好吧？但令家长困惑的是，即使学习时间已经延长到了极致，很多孩子的学习成绩还是没法更上一层楼。

表1-1 某中学学生作息时间表

时间	事项	时间	事项
5:30	起床	14:05—14:45	第六节课
5:45	早操	14:55—15:35	第七节课
6:00—6:30	早读	15:35—15:55	眼保健操
6:30—7:10	早饭	15:55—16:35	第八节课
7:10—7:35	预备	16:45—17:25	第九节课
7:45—8:25	第一节课	17:35—18:15	第十节课
8:35—9:15	第二节课	18:15—18:50	晚饭
9:25—10:05	第三节课	18:50—19:10	看新闻
10:05—10:30	课间操	19:15—20:00	第一节晚自习
10:30—11:10	第四节课	20:10—20:55	第二节晚自习
11:20—12:00	第五节课	21:05—21:50	第三节晚自习
12:00—12:45	午饭	21:50—22:10	洗漱
12:45—13:45	午休	22:20	寝室熄灯
13:45	起床		

确实，孩子的学习时间一直是家长和老师关注的一个重要"指标"，它常用来表示孩子对学习的兴趣、努力程度及对知识的掌握程度等。因此，我们往往形成下面这样一个认识误区。

孩子每天在学校的课桌前和家里的书桌前专心致志，无时无刻不在学习，这就是认真、勤奋，因此这样的孩子一定学习成绩很好。而一旦发现孩子"玩心重"，花费更多的时间在兴趣爱好、体育运动等跟学习"不相干"的事情上，我们就认为这是孩子学习成绩差的重要原因，非要把孩子按在书桌前。但同时，有些孩子看似非常"贪玩"，在考试中却能取得很好的成绩，我们往往觉得这是因为这些孩子智商高，天生就是学习的料，难以效仿。所以，家长普遍认为，投入相当的时间学习，成绩一定不会差；成绩差，就是因为学习时间不够。

但是，我们需要思考的是：孩子坐在书桌前就是在学习吗？孩子学习时间越长，成绩就真的会越好吗？那些成绩优秀的孩子，是把全部时间都花在坐在书桌前做题上了吗？学习时间和学习成绩有必然的正比关系吗？

一、学习时间与学习成绩并不是简单的正比关系

学习确实需要相当长时间的积累和投入。除了在课堂上学习知识，学生还要在课外复习和回顾所学的知识，做练习，并对要学的内容进行预习，这些过程都需要时间投入。学习任何知识都是这样，重复练习才能熟能生巧，而"重复"就需要大量的时间。

家长在自己的学习经历中可能也有类似的体会：学习、记忆和练习都需要大量的时间，投入学习、记忆和练习的时间越多，学习效果越好，考试时对知识的提取也就越容易、越熟练。因此，很多家长恨不得孩子的所有时间都花在书桌前，觉得这样的勤奋一定能换回好成绩。只要孩子坐着看书，就觉得放心；一旦孩子离开书桌，就认为孩子的学习态度不够好，学习不够努力。

但是，孩子坐在书桌前，可能在认真学习，也可能在走神或拖延时间。他们可能知道父母的想法，为了让父母安心，才装模作样地"摸鱼"。如果是后者，那么孩子只是表面上学习很长时间，但学习效果不得而知。因此，学习效果不完全由学习时间这个指标决定，学习时间和学习成绩呈现出一种非线性的关系。

总体来说，学习时间和学习成绩的关系可以用"倒U形曲线"来说明：刚开始学习时，学习时间越长，学习效果越好；但当学习时间增加到一定程度后，继续延长学习时间不但不会使学习成绩提高，还可能使学习成绩下降。

实验室

1996年，心理学家比顿在杂志《学业成就》（Academic Achievement）上发表了一篇有关中学生数学和科学学习的影响因素的文章（Mathematics Achievement in the Middle School Years: IEA's Third International Mathematics and Science Study），探讨了学习时间的影响。文章分析了国际教育成就评价协会收集的45个国家的学生学业成就等各项指标的数据，其中包括各国初中二年级学生课外学习时间和国际标准化数学测验的分数（见图1-1）。在包括中国在内的绝大多数国家，学生课外学习和做家庭作业的时间与学习成绩呈曲线相关。课外学习时间达到最佳时间（在该研究中是1~3小时）时，学生的学习成绩最好，而超过最佳时间，学习成绩就开始下降。最佳学习时间，也就是图中曲线顶点的位置因人而异。这表明，随着学习时间的增加，孩子的学习成绩普遍都会提高一定程度后又下降。

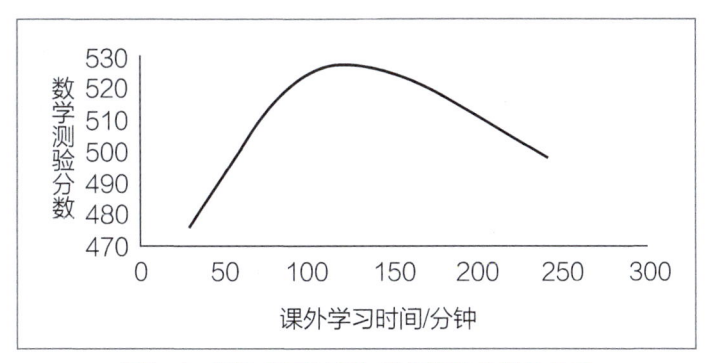

图1-1 课外学习时间与数学测验分数的关系

在其他对学习时间和成绩的关系的研究中，国内外研究者也得出了相似的结论，即学习时间和学习成绩并不呈线性的正向关系。学习成绩的提高确实需要一定时间的投入，但过长的学习时间会带来负面影响。

二、盲目增加学习时间会起到反效果

值得家长注意的是，学习时间增加到一定程度后，会带来一些"副作用"，如孩子的疲劳感增加、兴趣降低、注意力涣散等。在这种情况下，再增加学习时间，必然导致学习效率大大降低，投入学习时间的效果甚微，时间的利用率和性价比下降。

有的孩子学习兴趣较高，从学习中能体会到成就感和乐趣。在身体和心理状况允许的情况下，即使学习的时间较长，学习效果也很好，曲线顶点出现的时间也比较靠后。然而，有的孩子学一会儿就累了，甚至一开始就抗拒学习，再学下去也效果甚微，这就要先解决孩子不爱学习、学不进去的难题。每个孩子的实际情况不同，尤其是学龄前儿童和小学生，如果学习没有带来乐趣和享受，孩子就很容易被玩耍"诱惑"。小学低年级孩子的注意力和精力本就有限，过于限制孩子的玩耍时间，要求孩子像中学生一样从早到晚坐在书桌前学习，反而易导致孩子学习兴趣低下，效率不佳。

可能有些家长又要问，中学生已经基本具有成年人的意志力，可以长时间坐在书桌前学习。这时要求孩子每天高强度地学习，也有错吗？这一点可以请家长切身体会一下自己的工作状态：一天8小时的工作结束之后，如果接着加班、熬夜，大脑就会越来越迟钝，工作效率无论如何也不能与白天精力充沛的时候相比。这时我们需要按下"暂停键"，休息之后再重启。

科学研究证明，休息、睡眠对于学习效果非常重要。牺牲休息和睡眠时间来延长学习时间，可谓得不偿失。这是因为睡眠不是对时间的浪费，它对恢复精力、巩固记忆、增强学习效果都有非常重要的作用。研究发现，成绩较差的学生在睡眠时长、睡眠质量和睡眠习惯上都不如成绩较好的学生。睡眠不足还会导致语言能力、理解力、记忆力及数学计算能力等下降。

对家长来说，重要的是转变对孩子学习时间的看法。诚然，知识需要时间去积累和巩固，但就结果来看，我们不仅希望孩子能够好好学习，取得好成绩，还希望孩子能够身心健康、热爱学习，不断丰富自己的体验，快乐成长。健康的身体和充沛的精力是高效学习的"第一生产力"。仅仅把表面上的学习时间作为衡量孩子努力与否的唯一标准是没有意义的。

三、有效学习时间是王道

学习时间究竟是如何影响学习成绩的呢？大量研究表明，学习成绩与有效学习时间直接相关，有效学习时间才与学习成绩呈线性关系！有效学习时间越长，学习成绩越好。有效学习时间是指孩子在学习过程中真正投入学习，不被其他因素干扰的时间。

一般来说，从开始学习到真正进入有效学习状态需要一定的时间，孩子需要逐渐进入这种注意力集中、心无旁骛的状态。孩子进入有效学习状态所需的时间及可以保持有效学习状态的时间存在年龄、环境和个体差异。有的孩子能很快进入有效学习状态，有的孩子则要很久才能进入有效学习状态。同样学习1小时，有的孩子有效学习时间可以达到50多分钟；有的孩子能达到半小时；有的孩子则只能达到十几分钟，大半时间都花在了进入状态上，或者一直处于注意力涣散的状态。小学低年级孩子由于生理发展水平的限制，更难集中注意力，有效学习时长也会比高年级孩子短。

家长可以想一想，一个孩子学习了4小时，掌握了50%的内容，而如果他迅速、高效地投入学习，效率大大提高，那么也许仅需学习2小时就可以取得相同的效果。虽然有效学习2小时和非有效学习4小时的结果是一样的，但其心理效应完全不同：由于学习时间大大缩短，孩子更少出现抵触和厌烦的情绪，更多地体验到成就感和充实感，还有更多时间去做其他事，收获也更多。

家长在工作中肯定也有此类感受：工作效率越高，工作时间越短，越可以有更多的时间做其他的事情，而其间产生的良好的自我感受、成就感和获得感也更强。孩子的学习也一样，有效的时间利用对孩子的学习乃至长大之后的工作都很有益。我们希望，只要孩子在学习，就在有效地学习，真正投入其中。而无效的学习时间不要也罢，不如让孩子去玩，去做自己喜欢的事。因此，家长要做的不是盲目延长孩子的学习时间，而是有意识地帮助孩子增加有效学习时间，提高学习效率。

第二节

误区二：要求越高，学习成绩越好

家长困惑

孩子上六年级了，"小升初"迫在眉睫。我为他制订了详细的计划，对他严格要求，孩子也在按照我的要求努力学习，但是成绩并没有明显进步。孩子变得越来越不爱学习，最近更是经常跟我顶嘴、生闷气。我真不知道该怎么办了。

身为家长，我们是如何关注、管理孩子的学习的呢？有的家长可能根据自己童年的经验，尤其是根据自己当时做得不够好的地方对孩子多提要求；有的家长可能向周围做得好的父母学习，而所谓"做得好"，就是这些父母的孩子学习成绩很好；还有的家长博览群书，把看起来很好用的方法、策略都用在孩子身上……这些情况非常普遍。

例如，一位"海淀妈妈"为孩子制订了如下计划：1岁开始接受中英双语教学；3岁能够阅读英文绘本，并能背诵100首古诗；4岁开始学习乐理、钢琴和绘画；6岁进入当地最好的小学；8岁读完原版《西游记》《论语》，并在绘画方面获得全国级奖项；9岁考过钢琴十级，并在体育运动中获得市级比赛奖项；10岁获得奥数比赛一等奖，通过PET（剑桥通用英语考试二级）……与"海淀妈妈"这一热词齐名的是"上岸"。"上岸"指的是北京市海淀区的家长们把自己的孩子成功送入"海淀六小强"（海淀区六所头部初中），或者孩子直接考入清华大学、北京大学。互联网上曾流传着这样一个"段子"——"问：5岁孩子英语词汇量1500个，够用吗？答：在美国够用了，在海淀不够用。"

上面的例子固然极端，但随着近年来"鸡娃""内卷"的白热化，许多家长对孩子的要求也越来越高，甚至到了离谱的程度。这些家长往往陷入了下面这种认识误区。

要想孩子学习成绩好，家长必须亲自"披挂上阵"，为孩子制定学习目标、学习计划，甚至采用军事化管理的方式，把学习当成一场漫长的战役。因为孩子是不懂事的，如果家长放手不管，或者管得松，他们就一定不会好好学习，肯定会尽情地玩耍、打游戏；他们年纪小，也不懂得如何规划自己的学习，他们可能认为"六十分万岁，多一分浪费"。而且，别人家的孩子都严管，自己家的孩子不管，那在学业竞争中必然是赢不了的。很多"天才少年"的成功案例背后，都有非常严格的"虎爸狼妈"，没有这样的家长，孩子是不可能在学习上成为佼佼者的。

我们当然承认，很多孩子小小年纪已经成绩斐然，甚至在各领域都非常优秀，这离不开家长的要求和指导。但我们要思考的是，他们的教育方式是否可复制？这是偶然的成功案例，还是放之四海而皆准的教育准则？为什么有的家长越管教孩子，结果却越不如意？对孩子的学习高标准、严要求，孩子的成绩就一定会好吗？

一、适当的要求有助于促进学习

首先我们要回答一个问题：家长对孩子的学习要不要提要求？

"虎爸狼妈"的另一个极端是家长对孩子的学习完全放任不管，认为只要孩子玩得开心、身体健康就好。甚至有些家长不鼓励孩子认真学习、积极进取的行为。这些家长，有的极度溺爱孩子，舍不得孩子吃苦，虽然希望孩子学习好，却不忍心对孩子提要求；有的家境优越，认为孩子将来不必担心生计，也就没必要过度追求学业成就，学习成绩好是锦上添花，不好也没关系；有的认为管学习是学校和老师的事，不是自己的事，孩子成绩不好是老师该操心的。当然，也有些家长虽然想管，但不知如何管，只能"躺平"，让孩子"自求多福"……

这种对孩子的学习完全不提要求、放任不管的态度是不可取的。国外有研究者研究了孩子对父母态度和行为的知觉是如何作用于学业的。研究发现，如果认为父母提的要求是支持和鼓励自己的，那么孩子学习的内、外部动机都比较强烈；如果认为父母提的要求是强制自己学习的，为了达到父母提出的标准和要求而学习，那么孩子常常表现出强烈的外部动机，也就是"学习是为了家长学的"。如果孩子感受到父母对自己的要求不高，对学习的关心和参与较少，就会缺乏学习动机。可见，家长适度关心孩子的学习，提出恰当的学习要求，更有利于孩子形成内、外部学习动机，从而对学习行为和学习效果产生正面影响。

因此，给孩子设立一定的标准和要求，施加适当的压力是非常必要的。在考试前夕，我们往往更多地关注那些压力过大、非常焦虑的孩子，认为压力会影响正常发挥。但实际上，发挥最好的学生往往不是毫无压力的，而是适度紧张的，他们对考试结果有一定的目标和要求，因此在考试的过程中注意力更集中，处于更佳的状态，也更易取得好成绩。学习也是如此，表现最佳、状态最好的孩子，往往是那些有适度的外界压力的孩子。

二、要求过高不可取

要对孩子的学习进行管理，确实需要提出一定的要求，但是要求过高会适得其反。很多家长在孩子小时候就经常把"清华、北大、硕士、博士"挂在嘴边，以此作为对孩子的激励和鞭策。甚至有些家长在拿到孩子的成绩单时，不关心孩子的实际成绩和学习表现，而关心孩子与要求之间的差距："你差一名就第一了，得第一名就这么难吗？""离100分就差5分，好好反省这5分丢在哪里！"这样的话你是不是也对孩子说过？即使孩子得了满分，有些家长还会接着问："你们班有多少同学得了满分？""下次考试你还能拿满分吗？"好像无论孩子如何努力，都永远达不到家长心中的标准。这种要求虽然会转化为一定的学习动力，但也会不可避免地带来相应的压力。

实验室

耶克斯—多德森定律——压力与成就的关系

一、实验目的

研究学习和识别能力与压力的关系。

二、实验过程

心理学家耶克斯和多德森为小鼠设计了一个名为"白—黑视觉识别"的实验。在实验中，箱子外的小鼠可以选择进入白色或黑色两个不同的木箱，若进入白色的木箱，就不会受到任何伤害；若进入黑色的木箱，就会受到电击。实验者发现，当电击的电压较低时，小鼠对颜色的识别速度不快；随着电压升高，压力刺激变大，小鼠的学习和识别速度明显提升。但是，当电压超过一定限度以后，小鼠因压力过大而惊慌逃窜，学习和识别能力反而降低了。

三、实验结果

学习和识别能力随着压力的增加而提升，直到某个特定的点，学习和识别能力反而随着压力的增加而降低。

科学研究表明，学习压力和学习效率之间的关系呈"倒U形曲线"。在适当的压力水平下，孩子学习的效果是最佳的。如果再增加压力，孩子就会感到疲劳，甚至崩溃。在一定范围内的压力可以转化为动力，激发孩子的学习积极性和目标感，提高孩子的学习动机，但压力过大就会使孩子难以排解，造成一系列"压力综合征"，如躯体化反应，包括失眠、出汗、恐慌、一到考试就手脚颤抖等，以及心理反应，如无助、焦虑、自责、自卑、羞愧，甚至习得性无助。这都会对孩子正常的生活和学习产生负面影响。

实验室

狗为什么变得绝望

一、实验目的

研究接连不断的失败经历如何诱发习得性无助。

二、实验过程

塞里格曼及其同事在1967年用狗进行的实验证明了"习得性无助"的存在。研究者将狗随机分成3组，每组8只。实验分为两个阶段。第一阶段，每组接受不同条件的实验处理。①可逃脱组：狗被单独固定在一个装置里，可移动的空间不大。狗受到电击后，能通过挤压头部的鞍垫逃离电击。②不可逃脱组：狗被单独固定在一个装置里，可移动的空间不大。狗受到电击后，无论做什么都不能逃离电击。③无束缚的控制组：狗没有被单独固定，可移动的空间较大。每组都在90秒的时间内接受64次电击。24小时后，进入实验的第二阶段。3组狗都被关在装有灯的箱子里。它们面对的情境相同，灯灭掉10秒后，电击便会自动开始；如果狗能在10秒内跳过隔板，便能免受电击之苦。这个规则需要狗在实验中自己摸索。

三、实验结果

实验结果如下。①可逃脱组：100%的狗都能在第二阶段学会逃离电击。②不可逃脱组：仅约20%的狗能在第二阶段学会逃离电击。③无束缚的控制组：超过80%的狗能在第二阶段学会逃离电击。

不可逃脱组的狗在实验的第一阶段产生了习得性无助，觉得自己无论怎样都不可能逃离电击。这种无助感延续到后面的实验。即使换了新环境，大部分不可逃脱组的狗也都不再尝试逃离电击，放弃努力，只会一直默默忍受。

心理学家通过实验发现，如果一个人总是在一项工作上失败，就可能逐渐放弃努力，甚至因此对自身产生怀疑，觉得自己"这也不行，那也不行"。而事实上，此时此刻的我们并不是真的不行，而是陷入了"习得性无助"的心理状态。这种心理让人们自设樊篱，把失败的原因归结为自身不可改变的因素，放弃继续尝试的勇气和信心。

所有的无力感都是习得的，也就是后天形成的，并不是先天的自然反应。它是人们在生活中通过经验逐渐产生的一种感觉，好像无论做什么都无济于事，什么都无法完成。然而，既然无力感是后天形成的，那么它也可以通过后天体验来改变。因此，我们有能力恢复和培养自己的有力感和自我效能感。

三、高要求不等于爱孩子

有些家长认为，深度参与孩子的学习并高标准、严要求，是爱孩子的表现。一方面，高要求能够帮助孩子好好学习，"赢在起跑线"；另一方面，会让孩子感受到父母关心他，是在为他着想。

有这样一个真实的故事：一对只有小学学历的农村夫妇，通过自己的打拼在城市安家落户。他们深知教育对一个人的重要性，因此在儿子出生后，就决定必须把儿子培养成大学生。从儿子上小学开始，夫妇俩就给儿子报辅导班；不允许儿子在学校跟同学有过多的接触；不允许儿子参加课外活动。每次考试，儿子拿不到班级第一就要遭到批评，被父母训斥"这样下去怎么能考上清华、北大"等。结果是儿子变得越来越孤僻，在学校没有什么朋友，成绩也慢慢下滑，对父母的责骂越来越麻木，初中开始逃课，最终没考上高中，就此辍学。在这个故事中，家长为了让孩子少走弯路，自以为是地提出了高要求：怕耽误学习，就限制他的社交和课外活动；成绩稍差就动辄责骂，最终起到了相反的效果。这很值得我们深思：家长明明是爱孩子的，为了孩子好才这么做，为什么最后却适得其反？

一项研究显示，更多的中国父母认为"孩子是父母的成绩单"，相应地，对孩子的控制简直"密不透风"。我们往往觉得高标准、严要求的背后是关心，是爱，但过高的要求会给孩子带来负担，甚至使孩子产生家长冷漠、严厉的感觉。

凡事皆有度，"好高骛远""揠苗助长"不可取。过犹不及的道理在很多方面都有体现，对学习的要求也是如此。适当的要求、合理的标准既能促使孩子取得好成绩，又能使学习压力和动机处于比较恰当的水平。每个孩子都是独特的个体，并不是所有的孩子都能成为第一名，更重要的是孩子一直在科学努力、快乐学习、茁壮成长。

第三节

误区三：练习越多，学习成绩越好

家长困惑

我们不懂教育，除了给孩子买参考书、练习册，不知道该如何在学习上帮助孩子。孩子很努力地"刷题"、写作业，但是成绩很一般，小小年纪还戴上了眼镜。我们真不知该怎么办。

"少壮不努力，老大写作业。

春眠不觉晓，醒来写作业。

举头望明月，低头写作业。

红星闪闪亮，照我写作业。

生当作人杰，死亦写作业。

商女不知亡国恨，一天到晚写作业。

夜夜思君不见君，君在写作业。

洛阳亲友如相问，就说我在写作业。

垂死病中惊坐起，今天还没写作业。

青山处处埋忠骨，何必回家写作业。

人生自古谁无死，来生继续写作业。

千古兴亡多少事，只因满朝写作业。

君子坦荡荡，小人写作业。

众里寻他千百度，蓦然回首，那人正在写作业。"

上面这段"作业之歌"据说是孩子们自己创作的，说出了孩子们的心声：作业太多，不想写！许多家长对此感到非常困惑：难道孩子们就这么讨厌写作业吗？写作业不是孩子应该做的事吗？这是因为家长普遍存在以下这种认识误区：学习就是要写作业，多写作业才能巩固学习效果，才能取得好成绩。无论是日常测试，还是中考、高考，都是考试，本质就是"刷题"，"题海战术"是必需的。不爱写作业就是不爱学习，不"刷题"就考不出好成绩。对于绝大多数只能通过高考来改变人生赛道的孩子，更要拼命"刷题"。这些孩子生来就是"小镇做题家"，他们的宿命就是不停地"刷题"、写作业。

2021年，"双减"政策出台，倡导减轻孩子的学习负担，把课余时间还给孩子，让孩子回归生活。教育部对中小学家庭作业的时间也有明确规定：小学一二年级不布置书面家庭作业，可在校内安排适当巩固练习；小学其他年级每天书面家庭作业完成时间平均不超过60分钟；初中每天书面家庭作业完成时间平均不超过90分钟。周末、寒暑假、法定节假日也要控制书面家庭作业总量。这就形成了一个很值得思考的教育现象：国家认为孩子如今的学习负担过重，不利于其长远的学业发展和身心健康，因此出台各项减负政策；家长却担心孩子成绩因此下降，反而主动承担了学校的工作，自己给孩子布置作业、报课外辅导班，导致孩子的学业负担一点也没有减轻。

确实，"熟能生巧"是家长和老师常常挂在嘴边的话，一项技能或知识的掌握需要不断练习，这是不言而喻的。但是，作业更多、"刷题"更多的孩子，学习成绩就真的一定会更好吗？

一、学习需要适当练习

在学习中，练习无疑是必不可少的，它有助于熟练掌握知识、提高学习效率。俗语"光说不练假把式"强调了实践和练习对于掌握一项技能的重要性。学习时，孩子学到的往往是一个陈述性的知识点（如水的化学式是H_2O）或一个普遍的原理（两直线平行，同位角相等）。但在考试时，有时考察的是知识的回忆，如水的化学式是什么；有时考察的是知识的应用，如已知一个角的度数，求另一个角的度数。这就需要通过练习使孩子学会"举一反三"，在不同的题目背景下运用同一个知识点。从这个层面上说，练习，尤其是练习一个知识点的多方面运用，不仅有助于理解和应用知识点，也有助于提高成绩。

早期的行为主义心理学家把学习看作"刺激—反应"的联结，即人或动物对刺激做出一定的反应。当面对一个刺激时，人们做出一定的反应而得到正确的反馈，再呈现这个刺激，人们就学会了做出正确的反应，这就是学习的过程。通过重复"刺激—反应"过程，这个联结的力量可以增强。例如，默写"白日依山尽，＿＿＿＿＿＿＿＿"，孩子经过学习，对于这个刺激的正确反应就是在横线上写"黄河入海流"。如果重复练习，孩子回忆出诗句的速度就更快，正确率也更高。无论学习什么学科的知识，都需要练习的力量。

练习还有助于记忆。著名的心理学家艾宾浩斯根据记忆无意义音节的实验，总结出了著名的艾宾浩斯遗忘曲线，表明如果不及时复习，学习和记忆的效果就会大打折扣。而练习就是一种复习。如果只靠上课听讲进行记忆和理解,而不在课后做练习以不断复习,那么学到的东西很快就会遗忘。很多孩子上课的时候"一学就会",但在考试的时候"一考就废",就是自以为学会了,但是没有通过练习巩固知识、掌握知识的应用,其实还是没有学会。我们常说的"课课练""每日一练",就蕴含着这样的道理:及时练习,保证记忆的效果。

实验室

练习和复习对记忆保持的效果——艾宾浩斯与遗忘曲线

一、实验目的

在本实验中,德国心理学家艾宾浩斯想要探究及时练习和复习对学习和记忆效果的影响。

二、实验过程

艾宾浩斯用一些无意义音节作为记忆材料,用实验的方法,通过测试得出了相应的实验数据。

三、实验结果

通过一组组实验数据,艾宾浩斯描绘出了记忆保持比率和时间的关系曲线,也叫艾宾浩斯遗忘曲线(见图1-2)。该曲线表明遗忘是先快后慢的。从曲线中可以看出,没有练习和复习,记忆的效果在1小时后就"折半"了,1天后就只剩下1/3。当然,这条曲线是通过记忆无意义音节勾画出的,在实际学习中,记忆随时间的保持比率与这条曲线不尽相同,但基本趋势是大致相同的。

图1-2 艾宾浩斯遗忘曲线

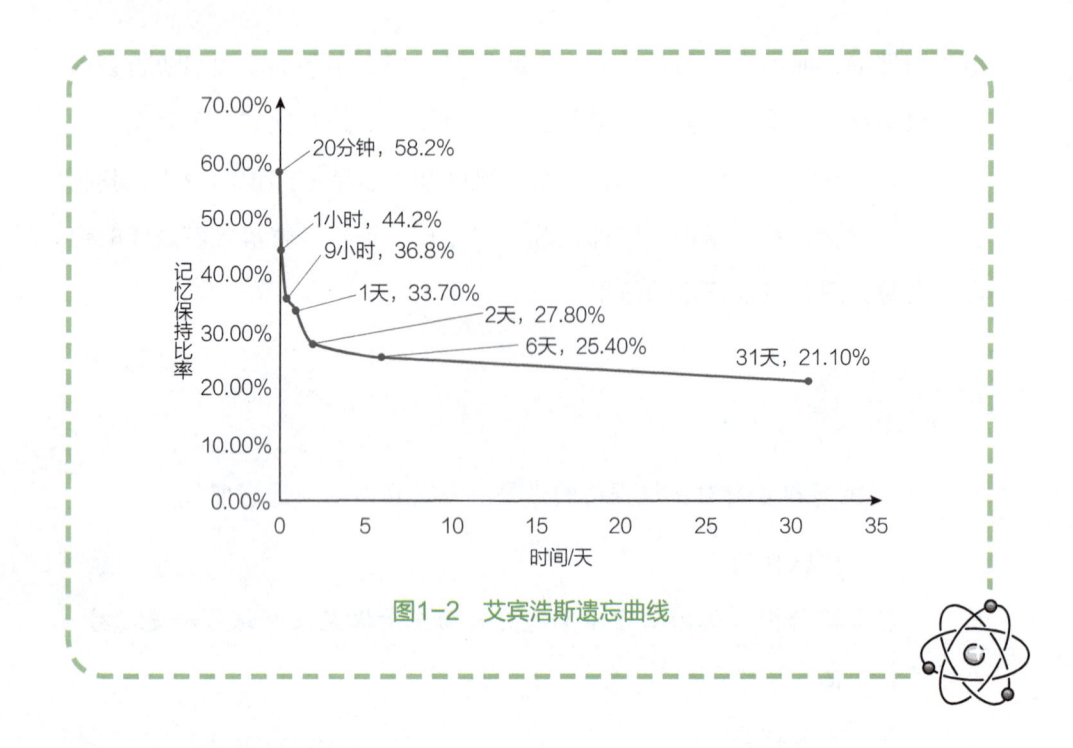

二、练习不是越多越好

在教育心理学中,有一个概念叫"过度学习",即能够完全正确记忆后仍继续练习到一定程度,有利于记忆的保持。这就是说,所学的知识一定要反复练习才能巩固。例如,让孩子背诵一首古诗,如果在孩子刚能完整背诵出来后再要求其背诵几遍,记忆效果就会好很多;孩子通过学习刚能做出一道难题,那么再做几道类似的题,学习效果也会得到巩固。但过度学习也是有一定限度的。研究发现,这种过度学习保持在150%以内,效果最佳。

> **实验室**
>
> ### 适当过度学习的作用
>
> **一、实验目的**
>
> 德国心理学家艾宾浩斯想要探究增加学习次数对学习和记忆效果的影响。
>
> **二、实验过程**
>
> 艾宾浩斯用几组无意义音节作为学习材料，读不同的次数，再分别测试记忆效果。
>
> **三、实验结果**
>
> 在刚好可以全部记住后，再适当增加学习次数，记忆效果有很大提升，也就是说，一定的过度学习有利于保持记忆效果。
>
> 其他研究者继续研究过度学习概念时，发现学习程度达到150%时，学习效果比较好，效率也比较高。再继续学习，学习效果没有明显提升，但学习效率有很大降低。所以说，过度学习不等于越多越好。

超过一定限度的过度学习会呈现出"报酬递减"现象。也就是说，一个人通过练习掌握了一项知识或技能，如果在掌握的基础上再加以巩固练习，达到150%的熟练程度，那么效果往往更好；但如果继续重复练习，效果就不那么明显，甚至带来危害。

我们所说的"多做题"，强调的是通过练习记忆不熟悉的知识点，提高学习效率，而非仅仅追求反复做题的过程。就像孩子只做数学题，每天反复练习，势必影响语文、英语等其他学科的发展；如果孩子只在一个知识点、单一题型上下功夫，换个数反复做，那么换一种题型，孩子还是做不出来或不熟练。因此，在教育实践中，要让孩子接受不同方面的练习，每个学科、每个知识点、每种考法都要兼顾，同时要注意练习不要过多，否则孩子会产生"超限效应"。

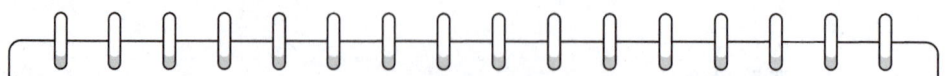

知识库

马克·吐温与"超限效应"

著名作家马克·吐温有一次在教堂听牧师演讲。最初，他觉得牧师讲得很好，让人感动，就准备捐款，并掏出自己所有的钱。过了10分钟，牧师还没有讲完，他就有些不耐烦了，决定只捐一些零钱。又过了10分钟，牧师还没有讲完，于是他决定一分钱也不捐。牧师终于结束了冗长的演讲，开始募捐，马克·吐温由于气愤，不仅没有捐款，还从募捐盘子里拿走了2元钱。这种由于刺激过多或作用时间过长而引起逆反心理的现象，就是"超限效应"。

每个人在接受任务、信息、刺激时，都存在一个最大容量，超过这个最大容量，人就不愿意认真对待了。我们可以把超过这个最大容量的学习叫作"超度学习"。在向孩子讲授知识、布置练习时，应注意不要超过孩子可接受的限度，否则会适得其反，引起孩子的逆反心理。就算孩子没有抗拒，继续做题，其学习效果也会大打折扣。

我们前面讲过，有效学习时间与孩子的学习成绩成正比。影响孩子有效学习时间的因素主要有三个方面：一是孩子的注意力集中程度，二是孩子学习时的情绪状态，三是学习材料的难度，太难或太易都不可取。如果孩子对某知识点已经掌握，那么一而再、再而三地"刷题"不仅没有意义，而且会影响孩子学习的情绪。因此，练习不是越多越好，简单粗暴地一味延长学习时间、一味"刷题"是没有任何作用的。

三、适度练习效率高

前面提到了两个概念：过度学习、超度学习，请家长注意它们的区别。简言之，我们强调要恰当地过度学习，但不能超度学习。同样，就练习来说，我们强调要练习，要过度练习，但不能超度练习。如何把握好练习的度，使其效果最大化呢？

孩子的时间和精力都是有限的，要花在刀刃上，这个刀刃就是孩子的薄弱学科和知识点。孩子已经掌握的知识和内容，定期复盘练习就可以，没有必要再进行高强度的重复练习。因此，我们可以精选某种特定类型、知识点的习题，并对孩子的薄弱学科和知识点进行重点练习。还要注意控制每次练习的时间和题量，避免孩子疲惫和抗拒。同时，我们要知道，学习的方式有很多种，除了做题，还有其他方式可以达到巩固知识的目的。

总之，我们要放弃"题海战术"。其实，"题海战术"的背后是家长、老师对孩子学习情况的焦虑和过度期望。放弃"题海战术"，也绝不是放弃练习，而是要适度练习，在正确掌握知识的情况下适当过度学习，"举一反三"，在孩子生理、心理可以接受的前提下，保持孩子对学习的积极态度，让孩子真正认可练习的作用。不要认为学习就是做卷子，更不要认为卷子做得越多越好。

第四节

误区四：孩子智力越高，学习成绩一定越好

家长困惑

孩子自己很要强，也很愿意学习，自己非常用功，但是成绩就是不太好。他看到班上考第一名的同学总是轻轻松松拿高分，就向我抱怨，自己是不是天生比别人笨。我都不知道该怎么安慰他。真的是他智力不如别人吗？那努力学习还有没有用呢？

很多家长尝试了各种方法，孩子也非常配合，但成绩还是无法提高，这时就可能生出强烈的无力感。尤其是在对比了"别人家的孩子"之后，家长很可能把学习成绩与孩子天生的智力挂钩。还有些家长认为，孩子在生活中机敏聪慧，就是学习成绩不好，那是因为"还没开窍"，等孩子"开窍了"，成绩自然就提高了。这些看法反映了家长以下认识误区。

孩子的学习成绩与智力有关。如果什么都做了，孩子成绩还是不好，只能说明孩子就是笨，智力不够，不是学习这块料。那些成绩好的孩子天生就比别人聪明。这是没有办法的事。

一旦家长产生这种认识，就很可能放弃对孩子学习的管理，甚至向孩

子传达这样一种信号：你就是笨，学不好也没关系，认命吧。这当然会直接导致孩子丧失学习信心。还有些家长认为，自家孩子成绩好，那是因为孩子够聪明，脑子好使，与后天的努力没什么关系。这样也会让孩子认为学习不需要付出、不需要方法，而一旦受挫，就会认为自己脑子不好了、变笨了。

因此，我们要回答这样一个问题：学习成绩与孩子的智力是绝对正比关系吗？智力是影响孩子学习成绩的唯一因素吗？笨鸟先飞的道理在学习中失效了吗？

一、智力在一定程度上影响学习成绩

智力是人们从事任何活动都必须具备的最基本的心理条件，即认识事物并运用知识解决实际问题的能力。智力水平在一定程度上影响着孩子的学习成绩。智力水平高的孩子可能更容易取得好成绩，因为他们可能具备更强的思维能力、记忆力和问题解决能力。

尽管高智力有助于学生提高学习效率和学习成绩，但是只有高智力并不能保证学习成绩一定好。在现实生活中，有的孩子智力较高，但学习成绩不太理想；相反，有的孩子智力一般，可学习成绩反倒不错。这恰恰说明孩子的学习成绩不仅与智力因素有关，也与非智力因素有密切的关系。

此外，我们还需要了解有关智力的几个真相。

家长可能带孩子去做智商测试，以此判断孩子的聪明程度。但目前的智商测试并不能全面、准确地衡量人智力的全部。近年来，智商测试被运用到更广阔的领域，且其结果被过度神化，把智商与孩子的聪明程度和将来的发展画上了等号。其实，智商测试是有局限性的，其准确程度受到多种有关因素的影响和制约，测试的结果仅供参考，并不能最终代表孩子的智力水平。

我们还需要认识到，智商相对稳定，但不是固定不变的。美国心理学家麦考尔通过研究发现，对正常儿童来说，在2.5岁至17岁，其智商会发生28.5分的变化，分值上升或下降都有可能。这表明，通过适度、有效的培训，智力中等的孩子可以达到优等水平；智力优等的孩子，在不良的环境中，其智力潜力也完全有可能发挥不出来。

另外，人的智力水平不完全由基因决定，而是基因和环境相互作用的结果。近年来，有研究发现，除了基因，成长环境的作用同样重要，先天条件和后天培养对智力的发展有相辅相成的作用。

二、学习成绩受智力与非智力因素的共同影响

当然，智力在一定程度上会影响孩子的学习成绩。智力低下的儿童无法进行正常的认知活动，自然谈不上学习；智力超常的儿童也是教育学界与心理学界关注的重点，他们的记忆力、理解力、问题解决能力都与普通儿童有显著差异，我们不能采用适合普通儿童的教育方法和教育内容去教育他们。但是我们要知道，在一般情况下，同一个班级里孩子们智力的差异往往不是他们成绩差异的决定因素。因此，如果没有经过科学的智力检测，家长就不要主观地认为自己的孩子一定是"天选之人"，成绩不好就是智力低下，成绩好就是智力超常。此时决定孩子成绩差异的更多是非智力因素。

20世纪30年代，心理学家首次提出了非智力因素的概念，此后，越来越多的研究者关注非智力因素对个人成长的影响。不同的研究者对非智力因素的界定不同。本书所说的非智力因素是指智力因素以外的对人的学习有影响的心理因素。美国哈佛大学的一项研究显示，一个人获得成功、成就、升迁等，85%取决于这个人的非智力因素，仅有15%是由这个人的智

力因素决定的。我国一项以中小学生为被试的研究发现，学优生在非智力因素方面的发展明显优于后进生，而且非智力因素对孩子学习成绩的影响高达59%，比智力因素的影响高得多。此外，随着年龄的增长，非智力因素对孩子发展的影响越来越大。由此可见，家长应该重视孩子非智力因素发展的情况，并加以培养。

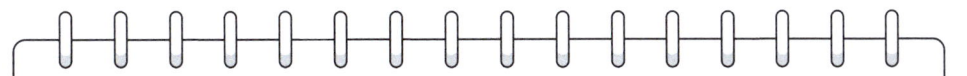

知识库

影响科学家取得成就的重要因素

2015年，有研究者对我国25位国家最高科学技术奖获得者进行了深入研究，发现他们之所以能取得巨大的成就，除了智力因素的作用，更重要的是非智力因素在其成长与科学研究过程中发挥了积极作用。这些获奖者小时候并非都聪明过人、智力非凡。我国当代数学家、中国科学院院士吴文俊"上小学时成绩一般，并没有表现出什么特别的禀赋"，甚至他的数学还考过零分；我国计算机汉字激光照排技术创始人、中国工程院院士王选，小学时数学补考过两次，都不及格；我国著名的金属学及材料科学家、战略科学家师昌绪曾说，自己智力平平，绝非一个聪明人，曾经因为别的同学背出课文而自己背不出来被罚站……

同时，该研究指出，强烈的动机、广泛而集中的兴趣爱好、顽强的意志、积极的情感及良好而独特的性格等非智力因素是这些科学家在科学研究中取得重大突破以致最终获奖的最重要的因素。

三、影响学习成绩的非智力因素

既然非智力因素是指智力因素以外的对人的学习有影响的心理因素，那么其包含的因素就非常广泛和丰富，如好奇心、情绪情感、抗挫力等众多因素都会对孩子的学习产生影响。例如，家长感受最直观的就是孩子考试时的心理素质。孩子们的实际学习水平可能差异不大，但是在考试时表现出的冷静从容、遇到难题时采取的破解策略、解题时的细心程度等，往往决定了最终分数的差异。

对学生来说，家长需要重点关注的非智力因素包括以下方面。

（1）学习动机。学习动机是孩子坚持学习活动的一种内在动力，推动孩子学习活动的发展。简单来说，学习动机就是孩子努力学习的目的和动力源，它驱动着孩子克服玩耍的诱惑，始终努力学习。缺乏学习动机的孩子无法爱上学习、主动学习，需要大人的监督；学习动机强烈的孩子能够自主学习，不太需要外界的监管。

（2）学习方法。学习方法是通过学习实践总结出的快速掌握知识的方法，就是如何学习的方法。恰当的、适合孩子自身的学习方法能够帮助孩子高效获取知识和技能。学习方法有普遍性和差异性，如背诵是一种必不可少的学习方法，但有的孩子喜欢通过朗读来背诵，有的孩子喜欢通过抄写来背诵。因此学习方法可借鉴但不可完全复制，找到适合孩子的学习方法往往能让学习事半功倍。

（3）学业情绪。学业情绪是学生在学习过程中的情绪体验。孩子只有在学习中体验到积极的情绪，才能增加学习投入，孜孜不倦地寻找更有效的学习方法。也就是说，孩子认为学习是快乐的、开心的、有趣的，才会主动学习；孩子认为学习是痛苦的、难过的、失败的、无聊的，自然很难主动学习。

（4）学习习惯。学习习惯是孩子在学习中表现出的行为习惯，如听课习惯、作业习惯、独立思考的习惯、遇到问题如何解决的习惯等。这些习惯看似学习中不重要的细节，但众多研究表明，学习习惯对孩子的成绩有重要影响。学习习惯越好，学习成绩越好。随着年龄的增长，学习习惯对学习成绩的影响越来越大。年龄越小，学习习惯越好培养；年龄越大，越难纠正不良习惯。

（5）生活习惯。生活习惯是指在日常生活中一些比较稳定、持久的行为倾向，如生活作息、运动锻炼、饮食睡眠等。它体现在生活的方方面面，对孩子的影响不可低估，对孩子的学习成绩也有重要影响。

当然，非智力因素还有很多，如情绪管理能力、抗挫力、意志力等，这里不再一一列举。需要家长特别关注的是，非智力因素更影响孩子的学业和未来的成功，我们一定要注重孩子非智力因素的培养。可以说，对孩子学习的管理和帮助，就是培养孩子非智力因素的过程。我们可以通过科学的方法培养孩子的非智力因素，从而促使孩子学业水平全面提升，让孩子真正爱上学习、学会学习。

第二章
理解孩子学习的本质

现在,我们已经了解了一些关于孩子学习的认识误区。产生这些认识误区的原因,很重要的一点就是我们缺乏对学习本质的认识。请家长思考以下问题:学习究竟是什么?要提高孩子的学习力,究竟要提高孩子的哪些能力和品质呢?相信家长的回答一定是多种多样的。

学习就是去学校听课、考试吗?学习是上学的孩子才需要做的事情吗?学习与游戏相反,游戏、玩耍是快乐的,学习一定是痛苦的吗……如何回答这些问题,在某种意义上也代表了家长是如何看待学习这件事的。

我们要思考这些问题,是因为对学习的认识在很大程度上会影响家长指导孩子学习的态度、方法,也会影响孩子如何看待自己的学习。如果家长认为学习和游戏相反,是痛苦的、难受的,那么孩子在学业中体验到的都是负面情绪,自然无法爱上学习。如果家长认为学习就是听课、考试,只发生在学校中,那么孩子就无法将学科知识与生活建立联系,甚至产生"学习无用论"的想法。因此,在系统探讨如何让孩子爱上学习、提升孩子学业水平的方法和策略之前,我们需要深入阐述学习的本质。也许读完本章,你会发现,学习原来是这么回事,很多焦虑和负担也就随之被放下了。

📝 观点提要

1. 关于学习的本质：

（1）学习的本质是大脑神经通路建立与强化的过程，因此需要不断练习，也就是需要努力、勤奋。

（2）学习过程就是不断犯错的过程，关键在于如何看待错误和总结经验。

（3）学习并非只发生在课堂上，学习没有边界，生活中处处是学习。

（4）学习没有终点，我们终其一生都需要学习。

2. 关于学习与孩子成长的关系：

（1）学习是促进孩子成长的重要途径，但孩子成长并非只需要学习。

（2）孩子的学习应当与其发展阶段相匹配，不能超前，也不应错过关键期。

（3）孩子在学习上存在个体差异，不能用整齐划一的标准去衡量孩子。

（4）生命价值高于一切，当学习与生命存在冲突时，要把生命放在第一位。

3. 通过搭建孩子学习的底层系统，我们可以系统地、有重点地帮助孩子提升学习力：

（1）学习力的关键因素是认知能力、学习动机与学习方法，它们构成孩子学习力的"一体两翼"。

（2）认知能力是孩子学习力的基石，包括感知能力、注意力、记忆力、思维能力、想象力与创造力。

（3）学习动机是孩子学习的动力源，有内部动机和外部动机之分。

（4）学习方法是孩子学习的助推器，包括认知策略、元认知策略与资源管理策略。

（5）家长要为孩子构建适合他们学习的外部环境，包括家庭环境和学校环境。

第一节

科学认识学习

> **家长困惑**
>
> 孩子上了五年级,学习压力大增,越来越不开心。他最近总是问我:"我为什么要学习?我可以不上学吗?我可以去工作了吗?"我不知该如何回答。好像学习就是法律规定的事,孩子无论开不开心都得学。真的没办法让孩子爱上学习吗?

很多家长都认为,学习就是成绩。学习好就是成绩好,学习好将来就能上好大学,有好工作,就算不能走上人生巅峰,生活幸福、家庭美满总是有的。我们之所以对孩子的学习如此上心,是因为我们觉得跟学习直接挂钩的是孩子的一生,这是谁也不敢耽误的事情。

这么理解学习,往往陷入一种功利主义陷阱。而越来越多的现实案例也告诉我们:学习成绩好并不必然等于未来功成名就、人生圆满。震惊全国的弑母案的主人公吴谢宇,就是一位成绩优异的名牌高校学生,而且这样的故事还不是个例。但同时,我们身边许多从普通院校、高职院校毕业或学历不高的人,也都能在自己的岗位上兢兢业业、发光发热,拥有美满的人生。因此，把学习和孩子的未来紧紧勾连在一起，未免操之过急，太过绝对。

那么，学习究竟是什么？厘清这个问题，能让我们正确认识到该从哪些地方去帮助孩子，以及如何才是帮助孩子，而不是给他们帮倒忙。

一、学习的本质

"学习"是人们常用的词汇，但是很多家长总是把学习和上学等同起来，好像孩子去了学校或在家里做作业才能称得上学习。我们经常听到家长这样说："我家孩子学习不好。"其实说的是孩子最近考试成绩不好，或者排名在班级里比较靠后。但学习这个词概念太大、太泛，不仅仅指去上学、接受知识或技能的培训。一个孩子也许考试成绩不好，但不代表他学习的所有方面都不好。这样笼统地下定义，不仅容易以偏概全，否认一个孩子学习中某些值得肯定的地方，也无法找到问题到底出在哪里，应该怎么做。因此，我们需要把"学习"这个概念具体化。

什么是学习呢？在心理学上，学习是指由个体经验的获得所引起的行为或行为潜能的相对持久的变化。更简洁的定义是"学习是由经验而引起的个体的改变"。

很多心理学、教育学、神经科学的研究都在探讨学习的本质。这些研究都表明，学习不仅是获取知识和技能的过程，更是一种综合性的心智活动，涉及认知、情感、行为等多个方面。同时，学习的范围非常广，既包括知识和技能的获得，也包括各种行为习惯、态度、人格的形成。

（一）学习是大脑神经通路的建立与强化

从脑科学的角度来说，学习就是知识和经验在大脑中建立神经通路，并且不断强化的过程。大脑是学习的核心器官，学习本身就是大脑的功能。从生理上讲，虽然我们大脑的重量大约只有1.35千克，它却是人体最发达的器官之一。大脑是所有学习、思考及记忆过程的生理基础。信息（声音、画面、文字等）会通过我们的感官（耳朵、眼睛）转化为电信号到达大脑中的神经元；每个神经元接收到电信号后，都会通过突触连接其他神经元，然后传导电信号；一个个活动的神经元互相传导电信号，并开始形成神经通路；通过不断强化、复习，这条神经通路越来越稳固，从而被保存在长期记忆中，整个过程如图2-1所示。

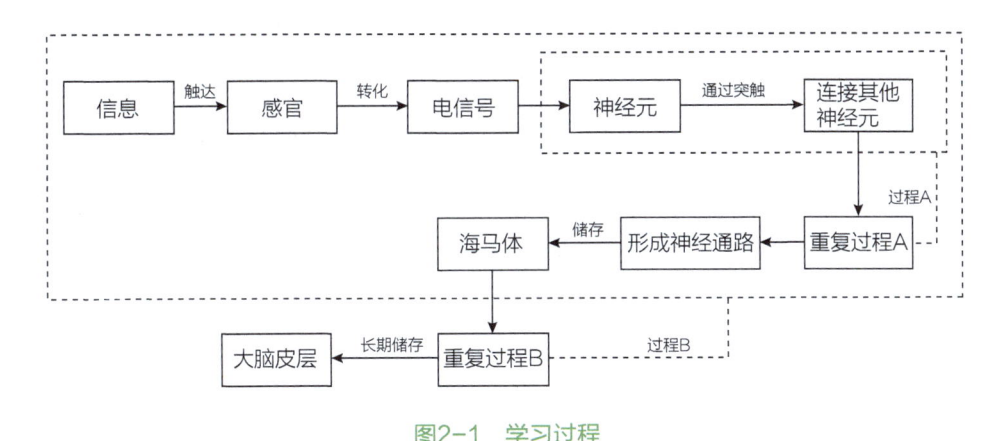

```
信息 —触达→ 感官 —转化→ 电信号 → 神经元 —通过突触→ 连接其他神经元
                                                           ↓
大脑皮层 ←长期储存— 重复过程B ← 海马体 ←储存— 形成神经通路 ← 重复过程A
                      过程B                                 过程A
```

图2-1　学习过程

学习在大脑中的运作过程主要分为三个步骤。首先是获取，即神经元建立连接，初步形成神经通路。其次是加工，强化并连接更多神经元（过程A）。最后是记忆，产生记忆痕迹，并且进行储存（过程B）。当我们学会一个单词、背会一首诗、理解一个公式时，本质上都是在大脑中塑造一条专属的神经通路，将不同神经元连接在一起。孩子在学习的时候，神经元就在创建和强化神经通路。我们把这个过程称为"边学边连"。

学习是塑造大脑的过程，包括建立神经通路和强化神经通路这两个核心步骤。这就提醒我们要关注知识和经验的建立与强化两个方面。

一方面，获取知识和经验就意味着要让孩子接触丰富的刺激、多元的知识，不断建立新的神经通路。我们完全不必担心在建立更大、更广泛的神经通路时会耗尽所有神经元。大脑有数十亿个神经元，并且一直在长出新的神经元。另一方面，强化神经通路就意味着要让孩子不断巩固之前的知识和经验。神经通路刚刚建立时，神经元的连接很薄弱，而不停地强化这条通路，有越来越多的神经元加入其中，这条通路就会不断壮大、稳固。有脑科学家研究了音乐家的大脑，发现在与其音乐专业相关的大脑区域（如触觉、双手感觉、空间运动能力等）中有更多的脑灰质，而且脑的相关部位更大，这是神经通路稳固的反应。这也从脑科学的角度解释了为什么学习需要不断地练习、复习、做题、考试，这些行为本质上都是为了强化和巩固已经建立的神经通路。而一旦停止练习，原有的通路也可能消退，也就是遗忘。

实验室

孩子可以不考试吗

考试往往是家长和孩子在学习中最大的压力来源。如果取消考试，可能孩子和家长都会更快乐。那么，考试在学习中是必需的吗？一定要通过考试来促进孩子的学习吗？有研究者就这个问题做了如下实验。

一、实验目的

研究考试对学习的作用。

二、实验过程1

让学生阅读课本里的一段文字，然后选择一部分学生进行考试，让他们回忆阅读的内容。一周后再考查所有学生的记忆情况。

实验结果1

接受考试的学生比没接受考试的学生多记住了50%的信息。

实验过程2

让学生学习与各门科学相关的介绍性文章，然后安排一部分学生进行回忆测验，另一部分学生则重新学习这些文章。两天后进行评估。

实验结果2

进行回忆测验的学生记住的内容（68%）比重新学习的学生记住的内容（54%）多。

（二）学习过程就是不断犯错的过程

如果把目光投向人类进化史，我们从对现实世界一无所知，只能被动地适应自然环境，到如今科技发达，主动改造环境，这个过程也是不断学习的过程。人类的祖先最早就是通过试误去探索周围的世界的。他们发现某些行为能导致好的结果，就会强化这一行为；而某些行为能导致不好的后果，就不会再从事这一行为。

虽然我们如今的学习不再需要亲自探索世界、尝试错误，但是在学习中犯错是必然的，而对错误的认识和对失败经验的积累也非常重要。美国心理学家桑代克认为，学习即试误。他认为知识、技能的学习是通过"尝试—错误—再尝试"这样一个反复过程习得的。桑代克一生做过大量的动物学习实验，其中"饿猫逃离迷笼实验"最出名。

> **实验室**
>
> ### 饿猫逃离迷笼实验
>
> **一、实验目的**
>
> 研究饿猫如何学习逃出迷笼。
>
> **二、实验过程**
>
> 桑代克将饥饿的猫关在迷笼内,猫可以通过抓绳或按按钮等不同的动作逃出笼外获得食物。猫第一次被关进迷笼时盲目地乱撞乱叫、东抓西咬。一段时间后,它可能误打误撞地打开笼门,逃出笼外。桑代克重新将猫关入笼内,并记录每次从实验开始到猫做出正确动作打开笼门所用的时间。经过多次实验,桑代克得出了猫的学习曲线。
>
> **三、实验结果**
>
> 猫在进行"尝试错误"的学习。经过多次尝试错误,猫学会了打开笼门的动作。

我们前面说到,学习的本质是新知识、新信息进入大脑建立神经通路的过程。这个过程有同化和顺应两种机制。同化机制是指通过将新知识与原有的知识、经验联系起来,从而获得新知识的意义,并把它纳入已有认知结构的过程。在这个过程中,首先需要以原有的知识、经验为基础来接触新知识,没有原有的知识作为基础,我们就很难理解新知识。顺应机制是指随着新知识的同化,原有的知识、经验与新知识相互作用、结合并产生一定程度的调整,从而产生新的知识结构的过程。新旧知识不仅互相补充,也会有冲突和调整。

随着孩子学习的不断深入，大量信息和知识与原有的知识系统相结合，有些知识能够顺利融合，而有些知识则与原有知识系统产生冲突，此时孩子就容易在学习中犯错。而通过犯错、反思和总结错误，孩子能够顺利解决认知冲突，要么调整原有知识系统中错误的地方，要么重新理解新知识，使之与原有知识系统相融合，这都是真正理解和掌握知识、促进学习的过程。因此可以说，在学习中犯错几乎是必然的。重要的是我们如何看待错误，如何使犯错成为学习的助力。这就需要家长关注孩子对错误的归因，提高孩子的学业抗挫力，而不是盲目批评孩子、打压孩子，无法容忍孩子在学习中的任何错误。

（三）学习没有边界

我国著名教育家顾明远指出："学习本来就没有边界，人人可学，时时可学，处处可学。"如果把学习孤立地看作课堂学习、考试做题，人为地割裂学习与生活、整个人生的关联，孩子就会很容易产生"学习无用""学习是为了父母和老师""等我工作了就不用学习了"这样错误的认知。

其实，学习不仅包括学一些特定的知识和考试技巧，而且贯穿于日常生活的方方面面。我们可能发现这样一种情况：有些优秀的孩子并不偏科，他们语文很好，数学也很好，甚至体育、音乐都不落人后；还有些孩子不仅学科成绩优异，兴趣特长也拿得出手，可以利用业余时间达到专业水平。这些孩子似乎在人生发展的各方面都点满了"技能点"，让人艳羡不已。其实这些孩子除了勤奋努力，更多的是打通了学习的边界，能够从一个领域的学习迁移到另一个领域，也就是学会了学习本身。

教育心理学认为，迁移是"一种学习对其他学习的影响，或者新旧经验的相互影响"。我们常说的"学以致用""举一反三""触类旁通"

等，实际上都体现了迁移的作用。迁移在学习中涉及的范围是十分广泛的，除了知识、技能，学习的动机、兴趣、态度、方法及行为方式等都可以产生迁移。例如，孩子学习加减法会影响其乘除法的学习；在语文学科的学习中养成了认真书写的习惯，也会迁移到其他学科中；学会了骑自行车，也就很容易地学会了骑摩托车；等等。

迁移能够提高学习的效率及水平，避免低水平重复。迁移也有助于能力的形成，因为我们掌握的知识、技能只有通过多次迁移，才有可能不断地概括化、系统化、熟练化，进而转化为能力，否则只能是纸上谈兵。迁移还有助于创造性地解决问题，很多创造都是对原有经验的改造、重组或灵活运用。

从这个角度来说，学科与学科之间、学校学习与生活之间，并没有绝对的边界。家长要指导孩子打通边界，建立学科之间的联系、学习与生活之间的联系，把学习看作一个整体：孩子在校是学习，在家也是学习；学习语文课文是学习，日常会话、沟通也是学习；学习地理知识是学习，外出露营辨别方向也是学习。

（四）学习没有终点

在基础教育阶段，家长普遍关注孩子的学习。可是一旦孩子上了大学，很多家长就觉得学习成绩不那么重要了。只要孩子不挂科，能顺利毕业，期末考试各科多少分，拿什么名次，都不在家长关心的范围内，甚至不少家长连孩子读什么专业、需要学哪些科目都完全不知道。这其实是一个非常不合理的现象，似乎学习只到孩子高考完毕就结束了。这表明家长并没有把孩子的学习当成一件"终身大事"，而仅仅是一个阶段性任务。

其实，我们现在说要培养孩子的学习动机、学习能力、学习方法等，都应该着眼于为孩子终身学习服务这一视角，而学习成绩、考试成绩，仅仅是衡量当下学习效果的一个指标。也就是说，我们应该培养的是一个爱学习、会学习的孩子，而不仅仅是一个成绩好的孩子。

有终身学习意识的孩子会把学习当成日常生活的一部分，在进入大学、步入社会之后，仍能保持青少年时期在学校中的学习习惯和自主学习意识，从而在专业学习和工作方面表现得更优秀。他们更容易建立自己的知识系统，能够主动整合各方面的知识、经验，打通新旧事物的边界。因此，他们更容易接受新鲜事物，不容易被时代的潮流淘汰，创造力和想象力也更好。另外，有研究表明，人类智力具有发展性，持续学习能够强化大脑中的神经连接、提高智力水平，即使到了老年，大脑中的神经连接仍在发展。

如果家长从终身学习这一视角出发，重新审视对孩子学习的管理，就应当能够发现，有些教育行为其实是以打压孩子的学习积极性和学习自主性为代价而去获得眼前的短暂利益的，这是得不偿失的。我们管理孩子学习的最终目的是不再管理孩子的学习，让他们能够自发、自主地投入学习、享受学习，保持终身学习的热情和态度，从而迈向自我实现，活出自己精彩的一生。

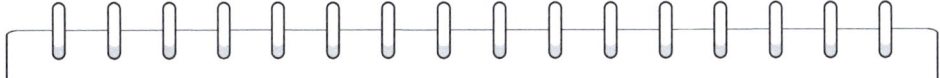

故事屋

终身学习的科学家屠呦呦

屠呦呦，"青蒿素之母"，中国首位诺贝尔生理学或医学奖得主，国家最高科学技术奖获得者，中国中医科学院终身研究员兼首席研究员。

对屠呦呦来说，学习是一生的事业。无论是在求学阶段还是在科研工作中，她都始终保持着对知识的渴望和追求。她的终身学习精神为我们树立了一个典范。

学习是屠呦呦毕生的主旋律。她大学时学的是西医，毕业后进入中医科学院，接受过两年半的"西医学中医"教育。学西医的屠呦呦在中医方面做出了杰出贡献，就在于她的学习劲头，不断学习新知识，结合中医精粹，积累渊博的学识。

科研精神是屠呦呦终身学习的核心，也是其终身学习的生动体现。她对待科研工作充满热情，不畏艰难，始终坚持探索和创新。即使获得了诺贝尔奖，屠呦呦也没有停止探索，而是继续踏上了研究青蒿素治疗红斑狼疮的新征程。继2015年获得诺贝尔奖之后，86岁的屠呦呦又获得了中国科学界的最高荣誉——国家最高科学技术奖，成为我国获得国家最高科学技术奖的首位女性科学家。几年后，89岁的屠呦呦再次震惊了世界，她率领的团队宣布，新一代的青蒿素抗疟组合再次战胜了已经产生耐药性的疟原虫！同时，利用青蒿素治疗红斑狼疮也取得了突破性的成果！这位伟大的科学家、89岁高龄的"神仙奶奶"，又一次挽救了无数人的生命！

屠呦呦的事迹充分展示了终身学习的价值和意义。事业和学习往往是不能分割的，真正在某个领域精研终身的人一直都在学习。她用自己的实际行动告诉我们：只有不断学习、不断进步，才能获得事业上的成功。

二、科学认识学习和孩子成长的关系

理解了学习的本质之后，我们还要思考一个问题：学习和孩子的成长究竟有什么关系？我们如此关心孩子的学业，投入大量资源，希望孩子考得好、学得好，究竟在投资什么？它又能为孩子的成长带来什么？对这些问题的回答，往往体现了家长的教育观、成才观，这些观念反映在家长对孩子学习的管理行为和方式上，因此也会对孩子的学习和成长产生直接或间接的影响。

（一）学习是促进孩子成长的重要途径，但孩子成长并非只需要学习

学习活动是儿童及青少年最主要的活动。通过学习，孩子能够获得知识；在这一过程中，孩子的认知能力和各种社会性能力也得以发展。

认知能力是我们认识世界和改造世界的基础，人类认知能力的提升主要通过学习活动来实现。在儿童及青少年时期，随着大脑进入发育高峰，认知能力也迅猛发展，因此在这一阶段，学习成为孩子最主要的任务，这也是学校设立的初衷。学校对孩子实施各种有组织、有目的、有计划的教育、教学活动，帮助每个个体适应他所生存的这个社会，掌握必备的基本知识和技能。

但学习活动并不是单纯地吸收知识、提取知识的机械过程，同时要培养孩子的各种心理品质，发现性格特点。对孩子的学习活动进行管理，也要在这一过程中帮助孩子培养这些心理品质，促进其社会化发展。孩子在学习活动中体验各种情绪、情感，与同学、老师打交道，面对各种任务和困境，整合各类资源，采取各种方法克服困难，并逐渐认识到自己擅长什么、不擅长什么。这些心理品质和能力，一方面能够间接促进孩子的学业发展，另一方面为未来适应社会做"演练"。例如，学习能够培养孩子的

意志力。意志力是指一个人为实现预定目标，在行动中自觉克服困难的心理过程。孩子学习就需要克服外界诱惑，克服到处乱走、说话的冲动，让自己能够坐在教室里听课、写作业，从而完成学习任务，实现学习目标。意志力对我们的一生有重要作用，能够驱动我们去做真正有益的事情，实现长远目标，促进自我发展。又如，学习能够促进孩子的自我认识。每个孩子都有独特的心理特点和优势领域，他们通过在学习中尝试、实践，对学习过程进行复盘、反思，既能了解自己在哪些方面表现出色，在哪些方面还有待提高，发现自己的潜能和特长；也能了解自己的个性特点，如是否过于看重结果而忽略了对知识的理解，是否因为不懂求助而白白浪费时间独自钻研题目，等等。学习也是一个探索和发现的过程，孩子可以通过学习了解各种不同的领域和行业，了解自己感兴趣的领域，并逐渐发掘和确定自己的兴趣爱好，从而为职业生涯规划打好基础。

因此，我们要重视孩子的学习，注重让学习成为孩子发展的重要手段。既通过学习促进孩子掌握知识，提升各种认知能力，如注意力、记忆力、思维能力；也促进孩子培养良好的心理品质和个性，如意志力、抗挫折能力、与人合作、学会感恩等，让每个孩子都成为更好的自己。

但要特别提醒家长注意，孩子的成长不仅需要学习，也需要其他方面。孩子是"完整的个体"。心理学家克雷顿·奥尔德弗提出的人本主义需要理论指出，个体的成长存在三种核心的需要：生存需要、关系需要及成长需要。孩子作为成长中的个体，随着身心的发展变化，在每个阶段都会产生多元的需要。孩子的成长不应只围绕着学习和成绩，他们还需要通过丰富多彩的日常活动保持身心健康，形成对社会的责任、对自然的热爱和对生活的丰盈感知，并明晰自身的价值。家长如果无法用发展的、立体的眼光看待孩子，只关注僵化的、片面的学习成绩，就会阻断孩子多元化发展的可能性,难以充分满足孩子成长的需要,从而严重影响孩子的身心健康。

(二)孩子的学习应当与其发展阶段相匹配,不能超前,也不应错过关键期

学习活动是以孩子的认知发展、身心发育为基础的,因此学习应当与孩子的发展阶段相匹配。我们应当尊重孩子的身心发展规律,安排合适的学习内容,既不能错过关键期,也不能揠苗助长。

实验室

双生子爬梯实验

美国耶鲁大学教授、著名的儿童心理学家格塞尔从科学的角度证明了儿童的发展过程遵循有规律的发展顺序,这个顺序是由物种和生物的进化顺序决定的。

一、实验目的

利用同卵双生子来证明促进儿童发展的主要力量到底是生物因素还是经验因素。双生子就是双胞胎,有同卵和异卵之分。同卵双生子是由一个受精卵分裂而成的,因此在遗传方面是相同的。把同卵双生子的其中一个放在自然条件下,而对另一个给予特殊的训练,其结果可以说明生物因素和经验因素哪个作用更大。

二、实验过程

格塞尔以一对未满周岁的同卵双生子作为被试,采用爬梯训练来进行实验。他准备了一架小梯子,梯子宽30厘米,踏板之间的距离为5厘米。梯子两边有扶手,并且每个踏板上都包着厚厚的绒布。

两兄弟看到梯子时立刻对它产生了兴趣，围着它爬，并试图爬上去，但是没能成功。格塞尔在弟弟48周大的时候先进行爬梯训练，每天花10分钟的时间训练，教他如何把小手撑在踏板上，如何紧跟着抬起小脚。看上去动作灵巧、敏捷的弟弟在爬梯时却显得十分笨拙，常常一只手放在梯子上后就不知该怎么做了。训练了1个月后，他才能勉强地独自爬上小梯子，但速度非常缓慢，动作也不协调。

从弟弟接受训练的第6周开始，格塞尔对53周大的哥哥也进行了同样的训练，每天10分钟，弟弟则继续练习、巩固。结果哥哥在训练了3周后就能灵活地爬梯子，与经过了6周训练和3周练习的弟弟达到了相同的爬梯水平。

实验的结果引起了格塞尔的思考：同卵双生子的生理结构和生长环境是十分相似的，为什么先接受训练的弟弟在爬梯上没有表现出优势呢？于是，格塞尔又对同卵双生子进行了玩积木和球、学习词语、记忆数字等实验，结果无论哪方面，受训练的儿童在一段时间内虽然超过不受训练的儿童，但达到某个年龄后，一旦为不受训练的儿童做同样的训练，不受训练的儿童马上就会赶上或超过受训练的儿童。

三、实验结果

这些实验证明，学习和训练的作用不是无限的。它必须以孩子自身的生理发展规律为基础，即"成熟"的程度。格塞尔也由此提出了一个新的心理学观点：当一种生理结构未发育成熟之前，建立在这一生理结构基础上的学习和训练是无效的，或效果很差；只有在达到某种行为出现的成熟状态时，有关这种行为的学习和训练才能奏效。这就是格塞尔的儿童发展"成熟势力论"。

一方面，我们要尊重孩子身心发展规律，不提倡超前学习。如今，孩子的学习日益成为家长的焦虑之源。不少家长秉持"不能让孩子输在起跑线上"的观念，恨不得从孩子呱呱坠地开始就让孩子学习。幼儿园学小学的知识、小学学初中的知识，似乎已经成为一种常态。但是，从长远看，幼儿园学了小学知识的那些孩子，到了中学、大学，他们的发展一定比别人好吗？答案是否定的。甚至，由于被迫过早地学习，他们的学习热情反而被浇灭了，他们的学习动机和自主学习能力也受到了损害。或者没有在该培养学习习惯的时候培养习惯，而是一味地背诵单词、做题，反而使不良学习习惯保持了下来，从而影响了日后的学习。

另一方面，大脑发育的生理特点决定了孩子的学习是一个循序渐进的过程，我们要认识到大脑发育的特点，在正确的时候做正确的事。例如，学前阶段幼儿的精细动作发展尚不完善，他们无法准确握笔，写出漂亮的汉字，要等到上了小学，他们才能完成这一学习任务。又如，小学低年级的孩子常常写错汉字的左右偏旁，把"阳"的"耳朵"写到右边。这并不是他们故意写错或记忆力差、上课不听讲，而是他们的空间知觉能力还不强。再如，思维能力发展有阶段性，抽象的逻辑思维能力要到小学中高年级才开始发展，在此之前，孩子只能凭借具体的、形象的事物去进行思维。因此，在小学中高年级，孩子才开始学习方程；在初中才开始学写说明文、议论文等。具体来说，每个阶段的学习活动不同，孩子的学习能力也有所侧重。

第一，幼儿阶段教育的重要任务是提升孩子的口语表达能力，通过丰富的环境和形式多样的游戏刺激孩子的好奇心，并培养孩子丰富的想象力。

第二，小学阶段需要关注孩子的学习习惯、学习动机，让孩子体验学习的成就感和乐趣，同时注意培养孩子的勤奋精神和学习自主性。小学阶段尤其是低年级阶段是学生养成良好学习习惯的重要时期。研究表明，孩子在小学高年级与初中、高中时期的学习习惯基本相似，这说明到小学高年级或中学再去培养学习习惯，效果就不明显了。

第三，中学阶段的学习更加深入、专业，家长此时已经无法对学习内容做出更好的指导。此时需要关注孩子的学习动机、学习方法、学习策略、考试策略等，注意培养孩子的元认知学习策略，帮助孩子将学习与职业规划相结合，与自我未来发展相结合。

对绝大多数家长来说，学习似乎就到高考为止。因为在高考之前，家长能管理、能插手的地方还很多，对孩子的学习"说得上话"。孩子进入高等院校或高职学校之后，就开始专业化学习，家长想管也无从管起。但是高考之后的学习对孩子来说仍然非常重要，不少孩子"杀出一条血路"考入大学，结果由于学习不认真、报复性玩耍导致频繁挂科，甚至被退学；也有不少孩子进入社会后缺乏自主学习意识，不能主动提升自己，获得职业发展，而是被动适应社会，很容易被淘汰。这些都是家长不愿看到的。

因此，家长应当秉持这样一种观念：学习是终身的，高考之前的学习卷入，本质上是为了以后不再管孩子的学习，让他们能够自主管理。

（三）孩子在学习上存在个体差异，不能用整齐划一的标准去衡量孩子

很多家长经常对孩子说这样的话："其他人都会了，为什么只有你不会？""你看看你的同桌，听同样的课、做同样的题，他怎么没有丢分？"家长要认识到，这样的情况是有可能发生的。由于遗传素质及环境

存在差异，孩子的发展过程和发展特点也存在差异。这种差异体现在孩子的发展速度不同，需要的教育方式不同，能达到的水平也不同。例如，小学低年级学生家长看到孩子字迹歪歪扭扭、纸面不整洁，就认为孩子写字不认真，但有的小学生字迹歪歪扭扭并不是学习态度不端正，而是受到生理发育水平的限制，不能很好地进行精细运动。有研究表明，孩子生理发育上的差异，造成不同学生偏好的学习方式不同：有的学生属于视觉型，更擅长通过视觉信息（如图片、表格、录像等）进行学习；有的学生属于听觉型，更擅长通过听觉信息（如讲座、讨论、录音等）进行学习；有的学生属于动作型，更擅长通过运动（如动手操作）进行学习。对于不同学习方式的学生，需要采用不同的引导、辅导方式，如让视觉型的学生多看图、画思维导图，让听觉型的学生多讨论，让动作型的学生动一动、做一做。还有研究表明，男孩与女孩的大脑存在较大的差别，这种差别从小就存在。男孩的额叶（负责注意力和自我控制的脑区）发育速度比女孩慢。因此，男孩比较冲动，经常管不住自己；相对而言，女孩能遵守规则，做到知行一致。因此，家长和老师对男孩要多一点宽容和耐心，给予更多的引导，绝不能一味批评和指责。

我们每位家长都要了解自己孩子的发展状况，研究自己孩子的优势和不足，对孩子提出合理的期待，扬长补短，从孩子的差异和优势入手，发现孩子的发展需求，用多元的评价方式和目标衡量孩子的发展，为孩子提供适合的教育，打开健康成长的大门。

（四）生命价值高于一切，当学习与生命存在冲突时，要把生命放在第一位

学习对孩子的成长、发展非常重要，这当然是毋庸置疑的。很多时候，孩子的学习是家庭生活的核心，全家人的资源、精力都围绕着孩子的

学习。孩子也会认为学习很重要，把考试看作头等大事。也因此，有些孩子一时接受不了成绩下滑、考试失利、老师批评，从而彻底否定自己。他们的认知经验有限，对人生的理解尚且贫乏，在无助中就很可能选择比较极端的方式去应对。这样的悲剧案例我们也时常看到。

在强调学习、重视学习的同时，还非常有必要提醒家长一句：在孩子的生命面前，学习不值一提，学习不能和孩子的生命放在同一架天平上。这一认识既需要家长践行，也需要家长明确告知孩子。

因此，家长在管理孩子学习的过程中，一定要对孩子这样说："无论你学习如何，爸爸妈妈都爱你。""无论你成绩如何，都没有你的生命重要。""学习中的任何挫折、想法，你都可以跟我聊，不要憋在心里。"

同时，家长也要避免把学习上升到比任何事情都重要的地步。避免使用"学习至上论"来束缚孩子，如对孩子说"学习不好，你还有什么用""你的任务就是学习，没有别的"。孩子对生命的理解和认识是缓慢发展的，且受到成年人的深刻影响。如果父母否定他们存在的意义，他们就更容易否定自己的生命。没有了生命，学习自然无从谈起。

第二节
搭建孩子学习的底层系统

家长困惑

孩子的学习真是一件复杂的事,我是搞不明白的。孩子让买书就买书,让买文具就买文具;老师让我们干什么就干什么。其他的我们真的不懂。老师说他成绩下滑,让我们多关心他。我们不是不关心,只是不知道该怎么关心他的学习,感觉我们家长能做的事情很少。

在我们的理想中,孩子学习的状态应该是这样的:孩子喜欢学习、喜欢听课,在学习中能体会到乐趣和成就感,不认为学习是一件痛苦的事;能及时、主动地完成作业,遇到不会的题目懂得寻求帮助;成绩稳定并有所进步,不用每次都考第一名,但能够慢慢超越自己,偶尔失败也不气馁;喜欢去学校、喜欢阅读,愿意跟爸爸妈妈聊学习和学校的事情;有明确的学习目标,知道朝着目标努力;有一定的理想和人生规划,知道学习是为了成就更好的自己……但这样的孩子似乎更多的是"别人家的孩子",要让自己的孩子达到这样一种学习状态,很多家长都无从下手。

学习非常复杂,受到各种因素的影响,甚至有时会受到运气的影响,难以准确预料。但这并不是说学习完全不受控制。众多教育学家、心理学家都对学习进行了深入研究，并且提出了相应的理论和策略。通过对学习误区和学习本质的了解，下面我们将结合这些研究，分析让孩子学会学习、提高学习力的底层系统，从孩子的个体特质和外部环境两个方面出发，告诉家长究竟该关注孩子学习的哪些方面。

一、孩子学习力的"一体两翼"

促使孩子喜欢学习、学得好并长久地进行学习的学习品质和学习能力统称为学习力。决定每个个体学习力的主要因素有哪些？

我们前面反复强调过，影响孩子学习的因素是多方面的，个体自身的许多特征都会影响孩子的学习。在这里，我们总结以往的研究成果及实践经验，提出一个家长比较容易理解并把握的学习力理论，即学习力的"一体两翼"论。这个观点未必是完美的、不可辩驳的，却能较好地揭示影响一个孩子学习的重要个体特征。我们主要想借助这种形象化的说法让家长记住，影响孩子学习的关键因素主要有三个，即"一体"加"两翼"，如图2-2所示。"一体"是指认知能力，"两翼"分别是指学习动机与学习方法。如果家长能从这三个方面入手，培养孩子的学习品质，那么孩子的学习力一定不会差。如果"一体"与"两翼"都很强壮，孩子就能在学习上起飞，飞得高、飞得远。

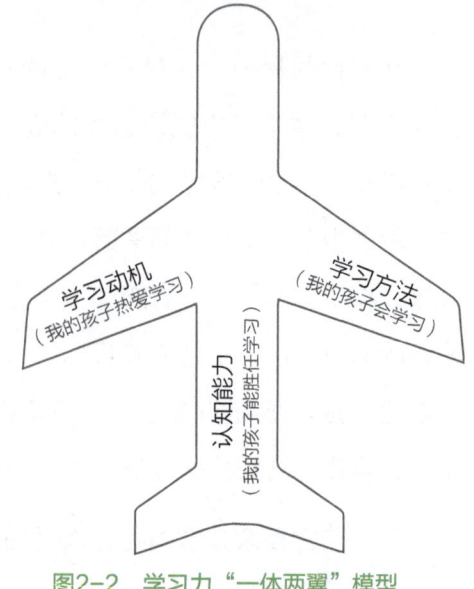

图2-2 学习力"一体两翼"模型

（一）认知能力：学习力的基石

认知能力是人脑接收、加工、储存和运用信息的能力，即人们对事物的构成、性能、与他物的关系、发展动力、发展方向及基本规律的把握能力，是个体在思维、学习、记忆、问题解决等方面展现出的能力。它是人们完成各种活动最重要的心理条件，因此我们把认知能力称为学习力的基石。

"认知"这个词来自拉丁语词根"cognoscere"，意思是"知道"。当谈论认知时，我们通常指的是与知识相关的一切。用一句话来描述什么是认知能力，可以说"认知能力就是对事物认识的清晰程度和掌握事物本质的深浅程度"。

认知能力就是一个人对自己和对周围世界的认识程度，决定了我们对真实世界的了解。认知能力对所有人来说都是最重要的，并最终决定了一个人的生活与生命质量。认知能力在孩子成长的每个阶段都扮演着关键的角色。良好的认知能力可以帮助孩子更有效地获取知识，更深入地理解世界，更自主地解决问题。

学习是一种认知过程，也是一种认知行为。如果缺乏认知活动的参与，学习就不会发生。学习是把新信息与现有知识结合在一起的认知过程，是一项复杂的认知活动。因此，认知能力对孩子来说至关重要，是孩子学习的基础。认知能力主要指个体的感知能力、注意力、记忆力、思维能力、想象力和创造力。这些能力并不是孤立的，它们相互联系、相互影响，共同构成了认知能力这个复杂的系统。在孩子的学习过程中，各种认知能力通常交织在一起，共同发挥作用。

1. 感知能力

简单来说，感知能力就是我们通过各种感觉（如视觉、听觉、触觉等）接收并解释外界信息的能力。在孩子的学习过程中，感知能力扮演着举足轻重的角色。无论是听讲、阅读，还是观察、实验，感知能力都是孩子获取信息、理解知识的先决条件。

第一，感知能力影响孩子对信息的获取和理解。感知能力强的孩子能够更好地接收、解释来自周围环境的信息，包括文字、图像、声音等。这使得他们在学习过程中能够更快地获取信息，更准确地理解知识点，从而提高学习效率和学习成绩。第二，感知能力影响孩子的注意力和记忆力。良好的感知能力可以帮助孩子更好地集中注意力，避免分心，从而更深入地学习和理解知识。同时，感知能力也与记忆力密切相关。例如，视觉感知能力强的孩子往往能更清晰地记住看到的内容，听觉感知能力强的孩子则能更准确地记住听到的信息。因此，感知能力强的孩子往往记忆力更好，学习效果也更好。第三，感知能力还影响孩子的创造力和解决问题的能力。感知能力强的孩子通常具有更敏锐的观察力和洞察力，能够从不同的角度和层面看待问题，提出新的观点和解决方案。这种创造力和解决问题的能力在现代社会中尤为重要，对于孩子的发展具有重要意义。

2. 注意力

我们注意到一个事物，这个事物才能进入我们的大脑，随后进入存储、加工、提取等过程。如果我们看到了某个事物，即眼睛感知到了它，但并没有在它身上投放注意力，它就无法进入下一步认知活动。

注意是指心理活动或意识对一定对象的指向与集中。在学习过程中，大部分知识需要通过注意的过滤才能进入大脑，从而被进一步加工。如果把大脑比喻成一部计算机，那么人学习知识的过程或认知过程，都可以简化为信息的输入、加工和输出。在这里，注意在信息的输入环节起重要作用——过滤无关、无用的信息，保留重要的信息，再进行后续的理解、存储和输出。

在教育中，我们非常关注孩子的思维能力、表达能力、创造力等，这些都属于输出，但获得好的输出的前提是保证输入的信息的质量。过量和无效的信息难以得到有效的加工、存储及输出。从这个角度出发，注意力是儿童能力发展的门户。可以说，注意力是一切能力的基础。著名教育学家乌申斯基曾经说过："注意力是意识的唯一门户。"法国一名生物学家也曾说过："天才首先就是注意力。注意力是知识的窗户，没有它，知识的阳光就照不进来。"可见注意力在孩子的学习中起着举足轻重的作用。

能够高度把控自己注意力的人会获得一种神奇的馈赠——进入"心流"状态，将之称为"巅峰体验"并不为过。在心流状态，人会"物我两忘"，沉浸在自己所专注的事情中，大脑自动屏蔽一切外部干扰，这也是很多艺术家、科学家常常进入的状态。有些学生在全神贯注解答数学题、物理题时也会进入这种状态。

注意力是学习力的基础，和孩子的学业水平有重要关联。注意力差的孩子无法集中精力听课、做作业，虽然学习时间长，但有效学习时间短，就算长时间坐在书桌前也无法真正进入学习状态。他们通常也有记忆力差、自控力差、粗心大意等问题，从而直接影响学业表现。有一项调查显示，中国青少年的注意力集中状况有待提高，仅有58.8%的青少年自认为能在上课时集中注意力，仅有48.6%的青少年自认为能在自习时集中注意力，仅有39.7%的青少年自认为能集中精神听课30分钟以上。同时，有研究表明，注意力差、容易分心已成为儿童十大问题行为之首。

注意力是可以培养的，越早开始培养越好。但孩子的注意力也在不断发展，因此如果孩子有注意力方面的问题，家长也不要着急，本书中许多内容都涉及了如何培养孩子的注意力。

3. 记忆力

调查显示，"所谓成功者，96%都拥有超强记忆力；而失败者，绝大多数都记忆力较差。"记忆力是孩子获取新知识、理解新概念、掌握新技能的基础，是孩子智力发展的重要支撑。没有良好的记忆力，孩子就很难有效地学习。

拥有良好记忆力的孩子在学习上会表现出明显的优势。他们能快速理解和记住新知识，从而节省大量的学习时间。他们的知识积累也更快，有利于形成系统的知识体系。同时，良好的记忆力还能帮助孩子在学习上建立自信心，进一步增强他们的学习动力。

但有时家长也有疑问：如今科技发达，想要知道什么，上网一搜就行，除了考试要用的定理公式、课文段落，孩子还有提升记忆力的必要吗？要回答这个问题，我们首先需要了解，记忆力不是简单的背诵、默写，而是一切智力活动的基础。拥有强大的记忆力，不仅能够快速、准确地实现新旧知识之间的衔接，提高学习效率，还能激发潜能，促进系统理解、深度思考和绝妙创造。即便是"顿悟"，也需要对基础知识的记忆和理解，无法在一张白纸上完成。在信息时代，人类的整体知识存储量比过去任何时候都要庞大。因此，越是重视创新、变革、进步，就越不能忽视记忆力的重要作用。正如英国哲学家培根所说："一切知识不过是记忆。"如果我们要培养孩子终身学习的能力，就不能忽视对记忆力的培养。

记忆力是可以改变的。有的人可能说："我的记忆力很差，这是天生的，无法改变。"其实不然，"好记性"是可以后天锻炼的。掌握记忆方法和技巧是学生提高学习效率和学习成绩的重要因素。没有高效记忆的科学方法，没有记忆提供的知识储备，学习也很难有高效率。

4. 思维能力

许多教育学者和专家都说过："教育是对思维的培养和训练。"换句话说，思维是教育中非常重要的一环。在同一个班级，大家很容易发现，不同孩子的表现是完全不一样的。当老师提出问题时，有的孩子完全没有反应，只是木木地看着老师。而有的孩子立刻举手，甚至主动向老师提问。这就是儿童之间思维能力的不同。思维能力是一种真正的软实力。

思维能力是孩子学习能力的核心。孩子学习其实有双重目的：一方面是掌握知识，另一方面是发展思维能力。大多数家长和老师往往注意前者而忽略后者。持续的学习能力是孩子终身发展的关键能力，而这种能力的核心就是思维能力。思维能力强的孩子做事效率高、动手能力强，因为理解能力好，所以听课专注，当堂就能掌握老师的授课内容，学习效率高；对于别人的话，总是能快速抓住核心，语言能力突出；学科间、学科与生活间的知识迁移得心应手，往往较少存在严重的偏科现象，表现出学业上的均衡发展。而思维能力差的孩子，对于入门的公式、定理还能掌握，一旦变换形式，需要归纳推理，就有点跟不上；想象力刻板，做事拖拉，往往学习时间长但效果不佳。思维没有得到充分训练的孩子，不仅学习会受影响，未来工作、生活都会比那些思维能力强的孩子差很多。

因此，家长需要知道，思维能力的训练比单纯地背单词、背课文更加重要。孩子在生活中会面对错综复杂的问题，仅靠单一的知识是难以解决的。只有孩子拥有终身学习能力，不但能学习知识，还能产出知识，将知识转化成力量，才能走好人生每一步。

5. 想象力

想象以感性材料为基础，是个体对大脑中已有的表象进行加工改造，产生新形象的过程。其中，表象就是当客观事物不在面前时，个体在大脑中呈现出的关于事物的形象，它可能是现实中已经存在而个人未接触过的事物形象，也可能是现实中没有或根本不可能有的形象。想象是一种高级、复杂的认识活动，也是对客观现实的反映。想象力就是想象的能力，是人类独有的思维能力。它允许我们在现有的感知和知识基础上创造出全新的、未曾存在过的甚至超越现实的形象和概念。

在学习的过程中,想象力扮演着至关重要的角色。它不仅激发孩子的好奇心和探索欲望,还推动他们不断超越自我,实现个人潜能的最大化。当孩子运用想象力时,他们的创造力、观察力和记忆力都会得到锻炼和提升。例如,每个孩子都要写作文,而作文写得好不好,与孩子有没有丰富的想象力有关。在绘画、写作或解决问题的过程中,孩子需要发挥想象力来构思、创新和记忆,这无疑促进了他们认知能力的发展。美国有研究指出,与智商相比,想象力更能准确地预测孩子未来的学业情况。

实验室

小学生想象力测试数据[1]

有研究者对我国东、中、西部3个地区、9个省(市)、72所中小学的4320名学生通过文字题和图画题的方式进行创造性想象力测试,调查结果如下:1~3年级学生创造性想象力平均分为24.83分,4~12年级学生创造性想象力平均分为37.00分,均未达到及格水平(见图2-3)。

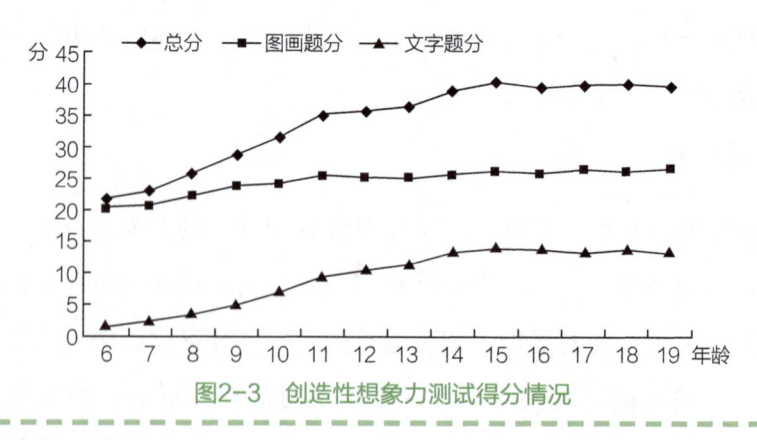

图2-3 创造性想象力测试得分情况

---

[1] 王丽慧,张会亮,李秀菊,陈玲.青少年创造性想象力测量及分析[M]//罗晖,王康友.中国科学教育发展报告(2015).北京:社会科学文献出版社,2015:266-284.

> 研究指出，小学阶段是学生创造性想象力提升的关键期，小学生的创造性想象力水平随着年龄增长而持续上升，尤其是4~6年级有明显提升。
>
> 此外，我国青少年创造性想象力具有明显性别差异，女生的得分（37.50分）显著高于男生（36.60分）。

想象力既是孩子智力发展不可或缺的动力，又是创造性思维和创造性学习不可缺少的条件。通过观察就能发现，富于想象力的孩子和缺乏想象力的孩子存在差异。有的孩子想象力鲜明、丰富、新颖、有声有色，这样他就会在自己的脑海里构建未来的场景，描绘自己的锦绣前程，从而热爱学习、勇于探索。有的孩子想象力贫乏、枯燥、肤浅，无法勾画未来美好的人生，从而对学习和生活缺少计划和动力。

6. 创造力

创造力是人类特有的一种综合心理品质，是指在一定目的和条件下，有可能产生某种新颖、独特、有社会或个人价值的产品的能力。它是人类智慧的体现，是我们在解决问题和面对挑战时的核心能力，也是改造世界的源泉。众多发明创造、改变世界的技术革新，都离不开创造力。创造力的发展和水平与个体的智力、人格等多种因素相关。是否具有创造力也是区分人才的重要标准之一。具有创造力的人才关系到一个国家的命运，是国家兴旺发达的不竭动力。

但是，我们在关注孩子日常学业的同时，往往忽视了对孩子创造力的培养。孩子可能学习成绩还不错，但行事呆板，只会做考试题目，不会将知识运用到生活实践中；或者一旦遇到新颖的题目，就无从下手。

如今，创造力已成为21世纪人类社会的核心要素。2016年，世界经济论坛将创造力列为2020年应聘者必备的三大能力之一（另两大能力是批判性思维和解决复杂问题的能力）。但中国孩子的创造力却有待进一步提高。一项国际调查显示，在21个被调查国家中，中国孩子的计算能力排名第一，但想象力排名倒数第一，创造力排名倒数第五。

如果孩子具有较强的创造力，那么不仅对国家、民族的未来有重要影响，对孩子自身的学业发展也有促进作用。创造力强的孩子在学习中往往更容易以兴趣驱动学习过程，更容易找到适合自己的、有效的学习方法，从而形成学习活动的良性循环。在生活中，他们更容易挑战固化思想，反对规训与服从，充分释放天性；兴趣更广泛，更愿意尝试新事物，也更懂得遇事变通和自我调节。

（二）学习动机：孩子学习的动力源

学习动机是指激发与维持孩子的学习行为，并使孩子的学习活动朝向一定学习目标的一种动力倾向，其实质是孩子认为学习活动是有意义、有价值的，并试图从中获得预期的收益。人的一切活动都是由一定的动机引起的。动机是指人的行为表现的内在倾向性，是对人的行为的激发、维持和指引。没有一定的动机驱动，一个人不可能无缘无故地坚持做一件事。学习也是如此。孩子在学习过程中可能遇到很多问题，没有取得预想的效果。怎样让孩子学得好？有一个最基本的条件，就是孩子自身愿意学习。如果孩子自身没有学习的动力和热情，那么家长花再大的力气去强迫孩子，效果都不会好。

1. 学习动机的作用

学习动机对孩子的学习有激活作用。学习动机是推动孩子进行学习活动的内部动力，使孩子由不学习进入学习状态。当具有强烈的学习动机时，孩子会更加积极地投入学习，愿意付出更多的努力和时间。这种动机可以源自对知识的渴望、对成就的追求、对实现自我价值的探求等。

学习动机能维持学习过程。学习动机不仅能引发学习行为，还能帮助学生在学习过程中持续努力和投入。当学生在学习过程中遇到困难或挫折时，强烈的学习动机可以激励他们坚持下去，克服障碍，直至达成学习目标。

学习动机会影响学习效果。学习动机与学习效果之间存在密切的联系。研究表明，学习动机强的学生往往能够取得更好的学习成绩和更高的学术成就。这是因为他们具有更强的学习动力和意愿，更积极地参与学习活动，更主动地寻求解决问题的方法和策略。

孩子缺少学习动机，就好比一辆汽车没了发动机或汽油，只能由父母推着、拖着往前走。只有唤醒孩子的学习动机，才能让孩子获得源源不断的动力。

2.学习动机的分类

学习动机的分类有很多种，一种主要的分类是将学习动机分为内部动机与外部动机。内部动机是指由个体内在需要引起的动机，即孩子为个人的兴趣而学习，为活动本身的意义和价值而学习。内部动机是孩子对学习本身的兴趣引起的动机，这种动机的满足在学习活动之内，不需要外界的诱因、惩罚来使行动指向目标，因为行动本身就是一种动力。通俗地说，内部动机是"我要学"。例如，有的孩子喜欢语文，就会认真复习、听讲、回答问题，以及课后刻苦钻研。

外部动机是指孩子的满足不在学习活动之内，而在活动之外；孩子不是对学习本身感兴趣，而是对学习带来的结果感兴趣。通俗地说，外部动机是"要我学"。例如，孩子为了得到奖励、避免惩罚或取悦父母而产生学习动力。

这两种动机在不同的阶段对孩子学习热情的影响有所不同，小学低年级孩子的学习以外部动机为主，而小学中高年级和初高中孩子的学习以内部动机为主。我们要让一个孩子持续喜欢学习，就要尽可能培养孩子的内部动机。

（三）学习方法：孩子学习的助推器

学习的一个重要目标就是学会学习，这也是现代社会发展的要求。21世纪的"文盲"将是那些不会学习、拒绝学习的人。学习方法是提高学习效率和取得学习成果的关键因素，是学习的助推器。学习固然需要努力，但是有方法的努力更重要，科学的方法能让孩子的学习事半功倍。

学习方法是指学习者为了达成学习目标、最大限度地获得学习成果，有目的、积极主动地制定并实施一整套针对各项学习任务的方法和方案。它包括学习者学习活动的程序、规则、方法、技巧、调控方式等方面。

学习方法是学习能力的重要组成部分，能帮助孩子质量更高地完成学习任务，促进学习效果内化。不懂得使用学习方法的学生在应对逐渐复杂、难度增加的学习任务时会产生效率低下、错误率高的问题。例如，小学生在低年级时一般能通过"死记硬背"记住大部分新知识，但到了中高年级，这一方法必然不再适用。又如，小学生总会做错题，但如果不对错题进行复盘，找到错误的症结，而是不停地做新题，那么对掌握相应的知识也是没有帮助的。

学习方法不仅是几种常见方法的集合，更是一整套动态的策略性知识体系，需要调动孩子的智力因素和非智力因素。孩子要在学习活动中不断练习，才能逐渐找到并掌握最适合自己的一套学习方法。因此，学习方法具有一定的普遍性，如复习、预习的方法对于绝大多数孩子都是适用的；同时具有相当的差异性，孩子要懂得根据自己的性格、思维特点，针对不同的学习任务采用更适合自己的学习方法，如同样是记忆课文，有些孩子更喜欢听读课文，有些孩子更喜欢默写课文。

学习方法是可以学习的，并且在学习活动中不断调整、进化。这一点在小学低中年级阶段可能表现得并不十分明显，但到了小学高年级、中学阶段，是否找到适合自己的学习方法并掌握、运用，就会在学习成绩中明确体现出来。特别是中学阶段，很多孩子看起来十分用功，但成绩不好，这是因为他们很可能没有迅速转变对知识学习的认识，还在沿用死记硬背、不停刷题的僵硬方法，或者没有对不同学科采取不同的方法，所以看起来没有别人学得那么"轻松"。

根据学习方法的内容，我们可以简单将其分为三类（见表2-1）。

表2-1 学习方法的分类

分 类	内 容	举 例
认知策略	复述策略	重复阅读材料
	精细加工策略	转述、总结
	组织策略	列提纲、画思维导图
	思维策略	批判性思维
元认知策略	计划策略	设置目标、浏览材料
	监控策略	自我检查、集中注意力、领会监控
	调节策略	调整阅读速度、复查、使用应试策略
资源管理策略	时间管理策略	建立时间表
	环境管理策略	寻找安静的、有组织的地方
	同伴学习和寻求帮助策略	利用同伴或团体进行学习、寻求教师帮助、获得个别指导

1. 认知策略

认知策略是指运用学习、记忆、思维的规则支配人的学习、记忆或认知行为，并提高其学习、记忆或认知效率的能力，回答"怎么学"。认知策略主要包括以下学习方法。

（1）复述策略。复述是将信息刻入记忆的有力工具。复述是指在工作记忆中为了保持信息而对信息进行反复重复的过程，是短时记忆的信息进入长时记忆的关键。复述通过将新学到的知识或信息用自己的语言重新表达，达到深化理解和加强记忆的目的。例如，老师常常在课堂上要求学生"这个单词跟着我读三遍"，就是复述策略的应用。中小学普遍设有早读课，大声重复朗读单词、课文，就是应用复述策略来加强记忆。

（2）精细加工策略。精细加工是指精细地加工新知识，也就是将新知识与已有知识、经验相联系，对新知识进行理解、建构、赋予意义的过程。经过精细加工的知识进入孩子的已有知识体系，不仅能够顺利记忆，在可能遗忘时，也可以通过对知识体系的检索间接地推导出来。

（3）组织策略。组织策略是指根据知识、经验之间的关系，对学习材料进行系统、有序的分类、整理与概括，使之结构合理。应用组织策略可以对学习材料进行深入加工，进而促进对所学内容的理解和记忆。常见的信息组织方法有列提纲、利用图形、利用表格、概括和归纳等。其中最有代表性的方法是画思维导图。

（4）思维策略。思维策略主要指批判性思维，也就是在理解新知识的同时质疑其原因。思维策略一般要到小学高年级之后才开始发展，孩子可以通过提问"为什么"来帮助自己理解、记忆新知识，并使新知识与已有知识体系顺利融合。

2. 元认知策略

元认知是20世纪70年代美国耶鲁大学教授弗拉维尔提出的概念,对心理学、教育学都产生了重大影响。我们常说的反思就是一种元认知——善于对自己做的事情进行反思、总结,把失败的经历作为教训,把成功的经历作为经验。

元认知应用到学习中,包括计划、监控、调节三个策略。明确一个清晰的目标后展开学习,在学习的过程中不断观察自己的学习状态,包括心态是否正常、每个小阶段的知识是否完全掌握等方面,通过反思自己的认知过程进行调节。例如,阶段性目标制定得过于困难,就应该适当减少任务量;遇到暂时无法解决的难题而产生不良情绪时,就应该及时放松、释放压力,从而确保学习活动可以继续进行。

孩子在持续学习中不断发现新的问题并解决它们,元认知的能力就会在潜移默化中被培养出来。随着这样的思维方式形成惯性,有时哪怕孩子没有刻意动用元认知的能力,也会在无意识中通过元认知的方式对自己或其他事物进行思考,脱离某些桎梏,理性、客观地审视自己。

元认知的能力提高后,最重要的是孩子能够意识到自己"会什么""不会什么""该怎么做",可以不浪费时间、有效率地解决各种各样的问题。

3. 资源管理策略

除了课堂学习,孩子还要学会充分利用各种学习资源。学习不是闭门造车,在当今信息爆炸的时代,充分利用各种学习资源是孩子必备的能力。

(1)时间管理策略。时间管理是指孩子对自己的学习时间进行分配、管理。对时间的有效管理一方面能够提高孩子的学习效率和时间利用率，另一方面能够提升孩子对时间的掌控能力，这种掌控也是孩子对学习活动、自我生活的掌控，有助于帮助他们培养良好的自我效能感，增强自信心和主动性。

（2）环境管理。环境管理是指对学习活动发生的场所、环境、氛围进行管理。一般来说，小学生的环境管理由家长协助完成。中学生则可以由家长提供环境空间，家长给孩子相当的主动权去设计、管理自己的学习环境。

（3）同伴学习和寻求帮助。同伴学习是指孩子结成学习团体，共同完成某项学习任务。寻求帮助是指孩子在遇到学习困难时主动向周围求助，既可以是同学、老师、家长等人际资源，也可以是字典、互联网、图书馆等物质资源。研究表明，学业成就较高的学生反而比成就低的学生更容易求助。这可能是因为学业成就较高的学生善于思考问题、明确自己的问题、懂得如何向别人问问题，也更容易获得精准的帮助和解答，从而强化求助行为。而学业成就较低的学生倾向于认为求助是"低声下气""低能表现"，会显得自己更"无知"，并对学业有一种消极的态度，从而更容易回避求助。

二、为孩子构建适合学习的外部环境

许多家长说，感觉自己在学习上能帮助孩子的地方很少，其实不然。孩子所处的外部环境也直接或间接地影响孩子的学习，其中最主要的两种环境是家庭环境和学校环境。家长在家里为孩子营造适合他们学习的环境并通过家校合作为孩子构建良好的学习环境非常重要。

（一）家庭环境：影响孩子学习的第一环境

家庭是社会的基本细胞，是人的第一所学校，对孩子一生的发展具有重要影响。心理学家温尼科特曾说："孩子仰望父母的脸，看到的是孩子自己。"家庭环境对孩子的学习有深刻的影响，是家长必须关注的影响孩子学习的重要外部因素。家庭环境主要通过家庭物理环境、家庭氛围、父母教养方式、亲子关系等方面对孩子的学习产生作用。美国一项研究发现，早期的家庭生活环境和父母教养行为会对青春期孩子的大脑产生明显影响。与正常儿童相比，生活条件较差、被父母忽视、被父母打骂的孩子在青春期时，大脑中海马体和杏仁核两个脑区的体积更小，而海马体和杏仁核与孩子的情绪、记忆等密切相关。家庭环境在不知不觉中影响一个人的成长，特别是在中小学阶段。此时孩子接触的是一个相对崭新的世界，他们还未形成对世界和人生的全面认知，家长的教诲和家庭环境的陶冶最先对他们产生影响，深刻地塑造他们的学习态度和学习习惯。

1. 家庭物理环境

家庭物理环境是指孩子居住的房屋条件、房屋陈设和布局、物品摆放等物质环境因素。一般来说，每个人每天都会在家中度过至少三分之一的时间，尤其是学龄前的孩子，每天有超过一半的时间甚至全天都在家中度过。而生活在怎样的房屋中、周围有怎样的物品、物品丰富程度与摆放特点等都会对孩子产生重要影响。例如，独立的、没有干扰的学习空间能帮助孩子提升注意力，阅读角、手工台等多功能的空间也能培养孩子相应的学习能力。如果孩子没有独立的学习空间，必须与成年人共同使用空间，或者学习空间物品摆放杂乱、很多物品与学习无关，孩子的注意力就会受到干扰。

2. 家庭氛围

家庭氛围是家庭环境中的独特气氛。对一个家庭而言，家庭成员间的亲密程度、面对困难时的沟通方式等形成了这个家庭的氛围，而不同的家庭氛围又会给家庭成员带来不同的感受，并对他们的行为产生不同的影响。

积极的家庭氛围代表每个家庭成员都对"家"这个团体有强烈的归属感。在日常生活中，家庭成员之间彼此尊重，能自由表达自己的观点和感受，即使在面对冲突和困难时也是如此。这种家庭氛围对孩子的学习来说是支持性的、激发兴趣的、提供资源的和有规律可循的，孩子更可能在学业上具有主动性和探索精神，在学习方法、学习内容方面勇于创新、敢于尝试，不惧怕失败，就算成绩波动、学业受挫，也能获得父母的情感支持。相反，在较为消极的家庭氛围中，家庭成员很少公开讨论自己的情绪和想法，孩子往往不相信家庭可以为自己提供有效的支持，在学业上遇到困难也不愿让父母知道。他们的学习是功利的、痛苦的，缺乏内部学习动机。

3. 父母教养方式

维果斯基认为，儿童的认知能力可能受到各种社会因素的影响，但周围的直接环境和家庭指导的影响首当其冲。这里提及的家庭指导就反映了家庭的教养方式，特别是直接抚养人——父母的教养方式。

父母教养方式是指父母在养育子女时所呈现的态度、情感与行为模式的总和。父母教养方式对孩子心理、性格的形成和发展起着十分重要的作用，并且间接影响着孩子的很多方面，包括智力的发展、身体的发育、习惯的形成、道德品质的发展及学习观念的养成等。不同的父母教养方式将产生不同的教育方式和期望，直接影响孩子的学习体验。

有一项研究采用潜在剖面分析对中国青少年父母的教养方式进行了探索，并对教养方式的潜在类别与青少年的学习投入和焦虑症状的关系进行了分析，得出以下结论。①中国青少年的父母存在七种教养方式的潜在类别：疏离忽视型（6.6%）、漫不经心型（18.9%）、温暖接纳型（48.2%）、温暖控制型（11.9%）、严苛控制型（2.9%）、严父慈母型（4.0%）和严母慈父型（7.5%）。②父母属于温暖接纳型和温暖控制型的青少年有最高的学习投入水平，但温暖控制型的焦虑症状水平显著高于温暖接纳型。③父母属于疏离忽视型的青少年有最低的学习投入水平和较低的焦虑症状水平，父母属于严苛控制型的青少年有最高的焦虑症状水平和较高的学习投入水平。

4. 亲子关系

亲子关系也会影响孩子的学业发展。亲子关系是孩子出生以来建立的第一种人际关系。在良好的亲子关系中，家长对孩子有积极的期望，家长和孩子的沟通通常更有效，家长能更积极地投入孩子的教育；良好的亲子关系会让孩子更自信，更愿意探索新事物，拥有更强大的心理支撑，从而更有能力去应对学习中的困难、生活中的挫折，这些品质对孩子学习成绩的提高也很有好处。关系大于教育，良好的亲子关系是家庭教育成功的重要保证。

一项基于大样本的数据分析发现，亲子关系的改善对孩子各方面的发展都有显著影响。对小学生而言，亲子关系质量每提高10%，学习成绩就能提高4.01%，良好品德行为增加7.14%，学校归属感提升8.6%，网络成瘾倾向降低7.38%。对中学生而言，学习成绩提高1.27%，良好品德行为增加5.12%，学校归属感提升6.09%，网络成瘾倾向降低6.2%。从这一研究结果也可以看出，亲子关系对年龄小的孩子影响更大。

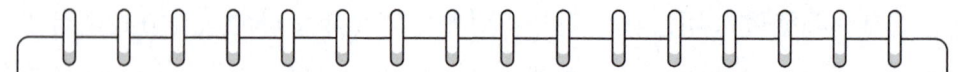

故事屋

某高中生因不堪忍受学习重负杀母

2000年1月17日,一名17岁高中生徐力因不堪忍受学习重负杀死生母。这则消息震惊了全社会。徐力是浙江省的一名高二学生,出生在普通的工人家庭,从小到大基本都在母亲的悉心照料下成长。母亲的工资不高,但力求对儿子"吃穿全包",只让儿子"一心读书"。徐力在学校的重点班,高一上学期成绩在全班属于倒数,通过努力,高一下学期跃到了第10名,从此母亲要求徐力每次考试都在班级前10名。高二上学期的期中考试,徐力的成绩是班级第18名,母亲很生气,把他狠狠打了一顿,还不准他再踢足球,徐力深感委屈和压抑。期末考试前夕,徐力想看一会儿电视,被母亲制止。母亲提醒儿子期末考试要考进班级前10名,徐力回答"很难考,不可能考得到",母子之间再次为学习发生冲突。绝望中,徐力从门口拿起一把榔头朝母亲砸去,将母亲活活砸死。这一悲剧引起社会各界对教育问题进行深刻反思。

(二)学校环境:影响孩子学习的主要环境

学校是孩子学习、生活的主要场所,孩子的大部分时间是在学校中度过的。学校环境是孩子赖以成长和发展并不断社会化的重要土壤,是指学校中能够对学生的学习和发展产生实际影响的全部条件。

学校环境的构成是极为复杂的,大致可分成两大类。一类是学校的

"硬件",如校园环境、教学设施等。另一类是"软件",如学校文化、规章制度、师资力量、课外活动、家校合作等。家长自身对学校环境的影响有限,但是我们可以在与学校开展家校合作的同时,关注学校环境对孩子学业的影响。我们可以通过以下方面判断学校环境是否适合孩子的学业发展。

(1)学校文化对学生的成长和发展有着深远影响。学校的文化氛围主要体现在学校的核心价值观、教育理念、校风校纪等方面。积极、健康、和谐的学校文化有助于提升学生的道德水准,培养团队精神和创造力。

(2)学校的规章制度体现了学校的管理水平和教育方式。家长可以关注学校的纪律要求、课程设置、教学方式等方面,以确保学校能够为学生提供良好的学习环境和教育资源。

(3)师资力量是影响学校教学质量的关键因素。家长可以了解教师的教育背景、教学经验和教学方法等,以评估学校的教学水平和专业性。优秀的教师团队能够为学生提供优质的教育服务,促进学生全面发展。

(4)课外活动是学校教育的重要组成部分,有助于培养学生的兴趣爱好、实践能力和团队合作精神。家长可以关注学校提供的课外活动的种类、频率及学生的参与度,如是否有课外主题活动、研学旅行、校外参观等。

(5)家校合作是学校与家庭之间建立的一种互动关系,旨在促进学生全面发展。家长需要关注学校在家校合作方面的态度和做法,如是否定期组织家长会、是否及时与家长沟通学生的学习和生活情况等。同时,家长也要积极参与家校合作,与学校共同支持孩子的学习和发展。

（6）学校应该关注学生的个性发展和综合素质提升。家长可以了解学校是否提供多样化的教育资源和课程，如心理辅导、职业规划、社会实践等，以帮助孩子获得全面发展。

总体来说，家长需要全面、深入、持续地了解学校对孩子学业发展的支持状况。同时，家长也要积极参与家校合作，与学校共同为孩子的成长保驾护航。

第三章
掌握不同阶段孩子的学习特点

家长一定听过"不要让孩子输在起跑线上"这句话，可能也是这句话让许多家长带着孩子从小奋战在一个没有硝烟的学习战场上，努力把孩子的起跑线向前推，哪怕比别人家的孩子多半步也好。于是，中学的知识要在小学学习，小学的知识要在幼儿园学习，孩子甚至连母语都没有说好，就已经开始背英文单词、唐诗……

家长当然用心良苦，但孩子的学习真的越早越好吗？孩子的学习就像植物的成长，有其自身的规律和节奏，何时播种、何时浇水施肥、何时剪枝修叶、何时除虫防害，都要遵循自然规律。因此，家长应当懂得孩子的学习规律，明白孩子在不同阶段认知能力发展的特点，了解合适的学习方法和该阶段学习动机的来源，这样才能遵循孩子的学习和成长规律对孩子的学习开展科学、有效的指导，才能真正帮助孩子实现有效学习。科学指导孩子学习的基础是了解孩子在不同阶段的学习特点。

📝 观点提要

（1）学习要遵循孩子的身心发展规律，既不能揠苗助长、超前学习，也不能忽略某些学习能力培养的关键时期，即"在正确的时间做正确的事"。

（2）学前教育是孩子学习的启蒙教育，学前阶段是孩子认知发展的黄金时期。在该阶段，孩子的无意注意占主导地位，注意力的稳定性差，不能一心二用，记忆以形象记忆为主，并表现出"泛灵论"的特点。好奇心和兴趣是他们学习动机的主要来源，游戏是他们最自然、最重要的学习方式。要关注该阶段孩子注意力、记忆力、思维能力的培养，做好幼小衔接。

（3）在小学阶段，孩子的认知能力和思维能力比学前阶段有明显提升，逐渐适应以学习为主的学校生活。但总体仍以"要我学"为主，学习动机容易受到教师和父母的影响。低年级应重点培养孩子良好的学习习惯；中高年级开始出现学习分化，个体差异逐渐明显，这时家长要关注孩子的学习动机、学习方法、偏科问题。

（4）在中学阶段，孩子的认知能力基本接近成人，"我要学"的学习动机明显增强，但他们害怕失败，回避失败倾向明显。他们能掌握更多、更复杂的学习方法，并逐渐形成个性化的、稳定的学习风格和学习策略。中学生学习压力较大，需要学会如何面对和调节。

第一节
学前阶段孩子的发展特点与重点学习任务

家长困惑

孩子3岁半了,我很想让孩子从现在开始就接触一些学习内容,让他不至于"输在起跑线上"。可面对市面上各种各样号称益智、开发大脑的产品和兴趣班,我不知道应该给孩子买什么,报什么班。孩子每次从幼儿园回来,我问他今天学了什么,他只会说不知道。我教他识字、认数字,他也总是坐不住。我该怎么引导幼儿园阶段孩子的学习呢?作为家长,我该怎么做,孩子才不会输在起跑线上呢?

在人的一生中,学前阶段是孩子认知能力发展最快的时期,也是可塑性最强的时期。特别重要的是,孩子在这个时期的经历和发展状况也将为他一生的发展奠定基础。我们首先要了解这一阶段的孩子应该学习什么、怎么学习,这样才能真正利用好这个关键发展时期。需要注意的是,学前阶段孩子的学习有其特殊性,无论是抓咬物品、到处爬,还是听故事、看动画片,孩子每天的游戏和活动都是学习的过程。学前阶段孩子的学习和小学阶段开始的正规学习是非常不一样的,学前阶段孩子的日常生活就是学习。只有了解学前阶段孩子的学习特点，家长才能更好地对孩子开展有效的学前教育，减少"育儿焦虑"，增强自身对不同"学前教育产品"的鉴别力，在正确的时间做正确的事。

一、学前阶段孩子的发展特点

学前阶段是孩子认知能力快速发展的阶段，主要包括认知操作性的增强、语言能力的提升、思维能力的初步发展、记忆力的增强、注意力和集中力的发展，以及想象力和创造力的发展。在这个阶段，孩子通过探索、观察和互动，逐渐建立起对世界的基本认知框架，为未来的学习和发展奠定基础。

（一）注意力

家长可能发现，在学前阶段，孩子总是"坐不住"、容易分心，哪怕玩玩具、做游戏，也可能瞬间从这个游戏转移到另一个游戏，或者前一秒对这个玩具还兴致勃勃，下一秒就立刻不感兴趣了。这是由孩子大脑发育不完善引起的。在这个阶段，孩子的神经系统兴奋性高、抑制力差。无意注意占绝对优势，具有颜色鲜亮、发出声音、形象生动、造型新颖、能动会变等特点的事物最容易吸引他们的注意力。

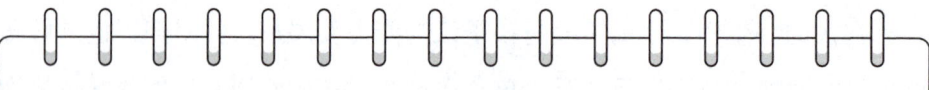

知识库

无意注意

无意注意是指没有预定目的、不需要意志努力的注意，也就是我们经常说的不经意。例如，房间里一有声音，孩子就会马上把头转过去，东张西望，这就是无意注意。

年龄越小，孩子注意力的稳定性越差。例如，2岁前的孩子，即使在看动画片时也容易被外界的声音或事件所吸引，把注意力转移到其他事物上。但随着年龄的增长，孩子注意力的稳定性逐渐增强，保持专注的时间逐渐延长，如在看电视时有时听不见家长喊他吃饭。

学前阶段的孩子很难同时注意较多的事物，也很难"一心多用"。也就是说，此时孩子注意力分配能力较差，在同一时间内只能注意有限的事物。例如，他们在看图案丰富的图片时，可能只看到颜色鲜艳事物的某些细节，而忽略了很多其他内容；在三四岁时，孩子弹钢琴时很难做到双手分开弹不同的音节。随着年龄的增长，孩子的注意力分配能力有所提高，但即使到了小学阶段，也很难做到"一心二用"。

因此，学前阶段的孩子无意注意占绝对优势，注意力的稳定性差，不能一心二用。基于这些特点，我们不可能让孩子像中小学生一样学习，而要通过形式丰富、生动有趣的方式让孩子在游戏中学习。

（二）记忆力

由于受到大脑发育不完善的限制，学前阶段的孩子较难将短时记忆转化为长时记忆，并难以从长时记忆中提取记忆信息，因此很容易出现"丢失信息"的现象，表现为健忘。有时候，家长问孩子："你还记得昨天你在科技馆看到什么了吗？"孩子不一定能回答出来。

学前阶段的孩子的记忆往往缺少目的性，他们更容易记住那些令他们感兴趣的、印象鲜明的事物。他们在3岁前并不能真正完成有目的的识记任务。有目的的有意记忆要到幼儿园中班或大班阶段才开始有所发展，但孩子在整个幼儿阶段一直以无意记忆为主。因此，3岁的孩子不一定能记住老师今天教了什么字，但可能记得今天班上来了一个新的小朋友。

学前阶段孩子的记忆以形象记忆为主,即需要借助具体的形象来记忆,如让孩子看过、摸过、尝过柠檬,他们会记得更牢固。此时孩子也容易记住伴有强烈情绪的事物,如最喜欢、最厌恶、最害怕的事物对孩子来说都是记忆最深的。如果孩子在幼儿园遇到很开心的事情,回家后就更可能与家长分享。

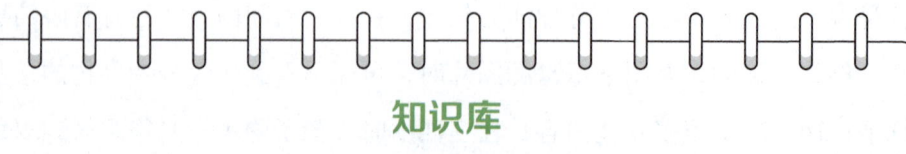

> **知识库**
>
> **无意记忆**
>
> 无意记忆是指没有什么明确目的的记忆。例如,我们在生活中自然而然地记住了一些东西,就是通过无意记忆完成的。

(三)思维能力

0~2岁的孩子以直觉行动思维为主。他们好奇心强,凡事都要亲自动手、动嘴进行尝试。在某个阶段,每当看到新的玩具,孩子就会马上抓起并试图咬一口,这一动作就是孩子在用嘴巴和舌头探索外界。这样的动作就体现了孩子的"思维"过程。例如,孩子想要一个玩具,就会直接动手去拿,在拿的过程中发现手碰到桌布时玩具也会跟着动,就会尝试通过拉桌布来拿到他不能直接拿到的玩具。

3~6岁的孩子开始学会用语言、符号进行思考。他们的行动更加考虑周全,不再一味地动手、动口,而是在大脑中默默思考后再行动。例如,孩子想拿到柜子顶上的糖果,会先想想有什么工具可以帮助自己够到柜顶,然后找到高度合适的凳子站上去伸手拿糖果。随着这种符号思维的发展，孩子会玩一些假装游戏，如扮演厨师和顾客，把小棍子当作筷子、把积木当作蛋糕，沉浸在自己假想的世界中。

此时孩子的思维能力较弱，会表现出"泛灵论"的特点，他们认为所有物品都有生命，都有自己的想法和目的。在"泛灵论"的影响下，孩子喜欢看童话故事，相信动物会说话。此外，孩子在这个阶段也表现出思维的"不可逆"性，如他们会认为两个一模一样的橡皮泥球是一样大的，然而，当把其中一个球压扁时，他们就会认为压扁了的那个球更大。这说明他们还不能在大脑中反向思考刚刚变化的过程。

孩子的这些思维特点决定了他们能学什么、不能学什么，以及可以用什么样的方式去学。因此不能一味地让孩子超前学习知识，而应该根据他们的发展阶段和特点进行教育和引导。

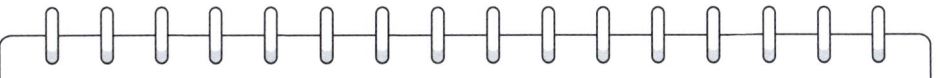

知识库

为什么不能过早让孩子识字

孩子多大的时候开始识字比较合适呢？很多家长都很关心这个问题。要回答这个问题，需要先了解孩子认知发展的特点。

2岁以前，孩子主要通过身体动作和感受来认识世界。2岁以后，孩子逐渐开始用符号来理解、表征世界。但是学前阶段孩子的思维方式仍倾向于直观、形象，如喜欢看图片而不是抽象的符号，需要通过数手指来做加法等。虽然中国的汉字是一种象形文字，但也是一种抽象的符号。幼儿认识汉字的过程和成人不同，他们不是像成人那样去分析、理解汉字的偏旁、部首、表音、表意、象形等各种结构，而是把一个个汉字当成一个个完整的、由若干线条组成的"图形"来记忆。因此幼儿的识字可以看作一种照相机似的认读，采用的是一种基于图像的"整体模式识别"机制，是一种机械记忆。在这个阶段，孩子识记同样数量的汉字所花费的时间要比成人多得多，而且很快就会遗忘。因此，识字对学前阶段孩子来说太枯燥、太抽象，不符合孩子的思维习惯，容易造成较大的负担。

学前阶段孩子认识世界的过程是自由的、奇特的、富有创造性的，他们的世界应该充满想象。过早识字会影响孩子想象力的发展。幼儿最初认识世界一般是接触大量的实物和图片，见识各种各样的物体，在头脑中形成足够的知觉表象后才转向符号，从记住形状到留下印象，这是一个自然转化的过程。过早识字可能强迫幼儿过早地转向符号，从而省略了实物的储备阶段，可能导致孩子更多地关注符号而忽略图像，这恰恰会对想象力发展造成障碍。

有研究者做过这样一个实验：让四所幼儿园大班的幼儿看相同的图文故事书，并完成一些相应的任务，从而测量孩子的理解能力、想象力、观察记忆力。然后对孩子的识字水平进行测量，并根据孩子的识字水平分为高识字组、中识字组、低识字组。最后分析不同识字水平的孩子在阅读任务中理解能力、想象力、观察记忆力的表现。实验结果如图3-1所示。可见，高识字组孩子的理解能力更强，但想象力和观察记忆力更弱，这是因为阅读图文并茂的图书时，识字量较大的幼儿更多地关注来自文字的信息，往往逐字、逐词、逐句进行点读，即便看图也是印证文字的信息，因此可能忽略图画的信息。相比之下，识字量小的孩子更多地接受来自图画的信息。而图画具有视觉形象性特点,生动的视觉表象能提高幼儿阅读的积极性,唤起他们对所观察对象的兴趣和情感,有利于记忆。

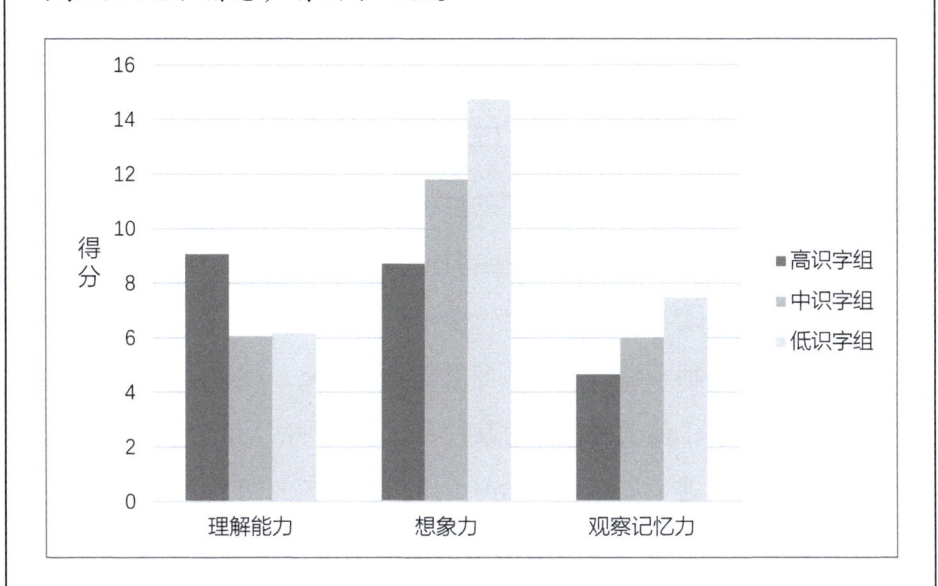

图3-1 实验结果

因此,孩子识字并不是越早越好,需要符合孩子的发展水平。3岁前不要逼迫孩子识字,更不必刻意花费精力逼迫孩子练习识字和写字,应重点关注口头表达能力的培养。3岁以后,家长可以适当地、自然而不刻意地教孩子识字,最好让孩子在生活中自然而然地学习汉字,并从他们身边熟悉且具体的事物名称开始。

(四)学习动机的发展特点

在学前阶段,孩子通常表现出强烈的好奇心和探索欲望,渴望了解周围的世界，并通过观察、摸索和尝试来满足这种好奇心。他们通常具有较强的自主性和主动性，愿意主动参与各种活动和学习任务，并希望通过自己的努力来实现目标。此外，积极的情感和情绪能够激发孩子的学习兴趣和动机，而消极的情感和情绪可能泯灭孩子的学习动机，影响学习表现。这些特点需要得到家长和教育者的关注和引导，以促进孩子形成良好的学习态度和行为习惯。

1. 好奇心和兴趣是学习动机的主要来源

越能激发孩子的好奇心和兴趣的事物，越能吸引孩子的注意力，越能让孩子记住。孩子在很小的时候就会对一些新奇的事物表现出好奇，求知欲强烈，会主动探索新的外界信息，学习不同的"技能"。看到家里的新书，孩子就忍不住翻一翻；看到商场里有新的玩具，就想马上买回家玩。在好奇心的影响下，孩子慢慢地对某种事物或某种活动产生兴趣，而这种兴趣会让孩子想要进一步探索和学习。对于感兴趣的图书，孩子会让家长为自己反复地讲，还会向家长提不同的问题。

引发学前阶段孩子好奇心和兴趣的事物是变化的、不稳定的。我们常常可以看到，孩子有时对某样事物兴致勃勃，但有时又兴味索然。而且孩子感到好奇和感兴趣的事物是非常广泛的，如路上的小野花能让孩子驻足观察很久，而新买的机器人玩具也能让孩子玩到废寝忘食。随着年龄的增长，孩子的兴趣会逐渐稳定，变得"聚焦"。在五六岁的时候，孩子的兴趣会逐渐明晰，如对绘画感兴趣的孩子一有时间就想涂涂画画。

2. 外部学习动机的影响逐渐增强

成年人的肯定、激励和表扬对学前阶段孩子的影响逐渐增强。无论是实实在在的物质奖励，还是拥抱、表扬等精神奖励，都能对孩子的学习行为起到一定的促进作用。当遇到难度较大、挑战性强的任务时，家长和老师的鼓励和支持能让孩子在学习的过程中更努力、坚持的时间更长。在进入幼儿园之前，父母的鼓励和肯定是孩子坚持学习的重要动力源。例如，在家长的不断鼓励和支持下，孩子愿意一遍又一遍地尝试和练习。而进入幼儿园之后，老师的奖励和肯定成为孩子克服困难、坚持学习的重要动力源。例如，为了获得小红花，孩子会认真听课，积极参加老师组织的课堂活动，并回答老师的问题。不少幼儿园的孩子会将"我们老师说了要这样"变成自己的口头禅。

3.具体、明确的近期目的的作用更显著

与小学阶段的孩子相比，学前阶段的孩子更关注具体、明确的近期目的，而这些目的往往是短浅的、狭隘的。例如，学前阶段的孩子愿意上幼儿园，除了幼儿园好玩，还希望得到家长和老师的表扬和奖励等，几乎没有孩子会说出"为了将来找到好工作""为了考上好大学"等抽象、远大的长期目的。

（五）游戏是孩子的主要学习方式

在学前阶段，孩子好动、好玩，游戏是他们生活中不可缺少的一部分。孩子有时拿着一根香蕉自言自语，想象着跟远方的人通电话；有时和同龄的孩子一起玩捉迷藏，把头藏在窗帘后面，腿露出来了而不自知；有时独自专心搭积木，妈妈喊吃饭也没听见……

中华人民共和国教育部颁布的《3~6岁儿童学习与发展指南》中明确指出，应该重视游戏的独特价值，利用其创设丰富的教育环境，最大限度地支持和满足儿童学习的需要。

在学前阶段，学习和游戏基本上是分不开的。游戏是孩子最自然、最有效的学习方式，也是最重要的学习途径。著名教育家苏霍姆林斯基曾说

过:"世界在游戏中向儿童展现,儿童的创造才能也是在游戏中展示的,没有游戏,就没有也不可能有完满的智力发展。游戏犹如打开了一扇巨大而明亮的窗子,源源不断地把有关周围世界的观念和概念的湍流注入孩子的心田。游戏犹如火花,点燃了探索求知的火焰。"

1. 游戏促进孩子的能力发展

（1）游戏可以促进孩子的感知觉和认知能力的发展。玩游戏使孩子的感觉、动作逐渐带有目的性,如看着玩具移动时,学会了让视线跟随物体运动;用彩色橡皮泥制作简单的物品时,训练了手部精细动作等。玩游戏也能让孩子积累知识,如在层层叠高的积木中依次抽取积木而不让积木倒塌的游戏中,孩子逐渐知道抽哪个位置的积木不容易倒,这种知识是孩子自己从游戏过程中总结出的"个人智慧"。不要小瞧这些简单的知识,从简单的抽积木游戏中,孩子学到的是对于多种物体叠加稳定性的认识。久而久之,孩子在现实生活中也会将这种知识运用在摆放、拿取物品等生活事件中。孩子从各种游戏中总结出的知识和经验对孩子的学习和发展是很有好处的。

（2）游戏能够帮助儿童理解抽象的事物,为以后形成各种概念打下基础。玩具和实物相近,有真实、可爱的形象,适合孩子以形象思维为主的思维特点。例如,玩拆装玩具或积木,可以帮助孩子理解平面与立体的关系;玩形状配对积木盒子,找到与盒子空洞形状一致的积木并放进洞中,可以帮助他们在具体情景中学会归纳和抽象。

（3）游戏能够促进孩子各种器官的发育,使孩子身心协调,并增强孩子的体质。在玩游戏的过程中,孩子调动眼、耳、手、脚、脑等器官参与活动,促进身心协调发展。例如,拍球、相互传球等可促进孩子的大运动发展,进行感觉统合训练。

（4）游戏可促进儿童良好品德、个性的发展，为后续的学习奠定基础。在游戏中，孩子会体验成功和失败。而游戏轻松、自由、愉悦的氛围会让孩子愿意为了达成一个目标而多次尝试，可谓"屡败屡战"。例如，孩子在搭积木时一直搭不高，每达到一个高度就会倒塌，但他们会不断地重新搭积木、尝试不同的组合，直到自己满意为止。经过不断尝试，他们会体验到"奋斗"后的成就感。这也锻炼了孩子遇到困难不放弃、坚持到底的良好品质。如果家长在这个过程中合理地引导孩子，孩子就容易将这种品质迁移到日常的学习中去，遇到难题也会有"不畏难"的精神，更容易坚持下去。

实验室

自由游戏对孩子的成长很重要

一、实验目的

探讨自由游戏对孩子发散思维的影响。

二、实验过程

研究者将90名4~6岁的孩子随机分成三组参加实验。第一组称为游戏组，孩子在10分钟内自由使用研究者提供的材料玩耍，材料包括纸巾、回形针、空白卡纸、茶具、火柴盒、螺丝刀、装有螺丝的木板等，让孩子"想玩什么就玩什么"。第二组称为模仿组，在10分钟内，成年人会用上述物品做一些日常的事情，如用回形针夹纸，孩子需要准确地重复他们刚刚看到的动作。第三组称为控制组，孩子得到一盒蜡笔和一些有轮廓图案的纸，用蜡笔在轮廓内涂色10分钟。10分钟后，研究者测试孩子的发散思维能力——要求孩子说出一些物品的

"独特"用途。孩子说出的用途越多,说明孩子的思维更发散、更具有创造力。例如,纸巾用来擦汗是一种常规用途,但用来"点火"、做笔记等是相对独特的用途。

三、实验结果

部分实验结果如图3-2所示。

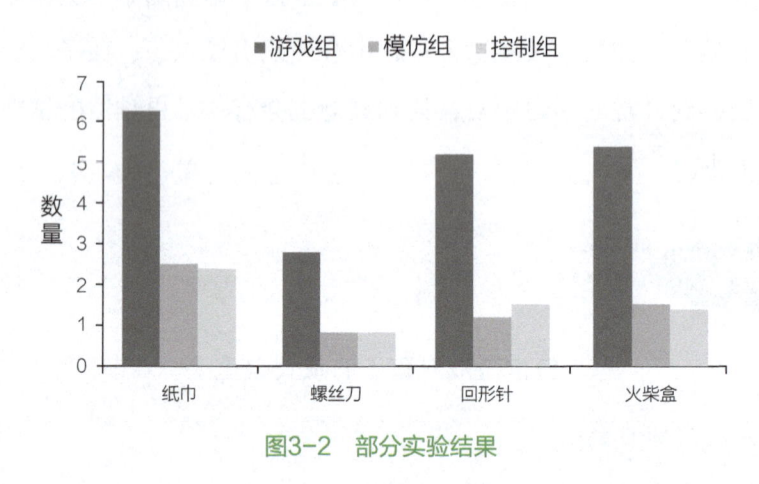

图3-2 部分实验结果

可见,无论是"纸巾""螺丝刀",还是"回形针""火柴盒",游戏组的孩子说出独特用途的数量都远远多于其他两组。通过这个实验,我们可以看到自由游戏和探索的过程能促进孩子创造力的发展,帮助孩子培养发散思维。

2. 不同年龄的孩子适合不同的游戏

游戏的形式丰富,包括感觉动作游戏、假装游戏、社会性游戏、构造游戏、规则游戏等。每种游戏都有不同的特点,适合不同年龄的孩子。

(1)感觉动作游戏。它是指通过简单操作物体、运动身体来产生愉悦的游戏,如挤压玩具发出悦耳的声音。在4~6个月时,孩子已经学会用一些动作来探索世界，如踢东西、摇手鼓。在9~12个月时，孩子特别喜欢玩那些通过简单操作即可感觉到变化的玩具，如电动小汽车玩具等。这类游戏可以锻炼孩子的动作，促进感知觉发展。

（2）假装游戏。它是指有意识的但不含欺骗目的的游戏形式。孩子有意地想象出非真实的情形，并根据这种想法做出非真实的行为，如过家家。通常18个月左右的孩子就开始玩假装游戏，之后频率不断增加，直到4~5岁时达到最高峰。这类游戏可以锻炼孩子站在他人的立场思考问题的能力、语言表达和理解能力，以及用符号表征事物、思考问题的能力。

（3）社会性游戏。它是指需要与同伴互动、交流的游戏，如和其他小伙伴合作整理玩具、角色扮演。随着年龄的增长，孩子与小伙伴玩社会性游戏的频率会逐渐增加。这类游戏不但可以锻炼孩子的语言表达和理解能力，还可以锻炼孩子与人协商、合作、相互帮助等社交能力。

（4）构造游戏。它是指带有一定目的、运用表征思维操纵物体的游戏，即需要用一些东西来构建一些事物的游戏，如画画、搭积木。随着孩子大动作和精细动作逐渐发展成熟，孩子会越来越喜欢玩构造游戏。构造游戏可以让孩子发挥想象力、创造力，将心中的想法用其他形式表达出来。

（5）规则游戏。它是指需要按照事先约定的规则和限制开展的游戏，如玩具分类、下棋、打扑克牌等。在学前阶段，孩子逐渐开始尝试这类游戏，但频率较低，规则相对简单；进入小学阶段，孩子玩这类游戏的频率明显增加，在10~12岁达到最高峰。规则游戏除了能培养孩子的思维能力，还能锻炼孩子遵循规则、学会合作和等待的社会技能。

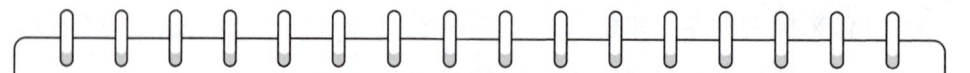

知识库

玩具的作用

玩具是孩子游戏的工具，也是孩子启蒙教育的"第一本书"。玩具能让孩子在玩耍中感到开心、快乐，并在玩耍的过程中得到发展。家长不一定非要带孩子去玩具店选玩具，生活中尤其是大自然中的很多东西都可以成为非常好的玩具。有时候，一片树叶、一块石子、一杯水、一堆沙都能让孩子玩得兴高采烈。现在很多玩具的设计都基于孩子的发展特点，孩子有了更多、更丰富的选择，这无疑是一件好事。但在市场上，儿童玩具种类繁多、琳琅满目，家长在挑选的过程中也容易"眼花缭乱"。如何挑选适合孩子的玩具成了家长需要面对的一项挑战。

好的玩具应该具备安全性、适龄性、发展性、趣味性的特点。第一，好的玩具必须是安全的，材质是否无毒无害、设计是否容易让孩子受伤等都需要考虑。第二，好的玩具符合孩子的年龄特点，不会让孩子觉得"太幼稚"，也不会让孩子觉得"太难，不知道怎么玩"。第三，好的玩具能促进孩子的发展，包括智力的发展和其他非智力因素的发展。第四，好的玩具能引起孩子的兴趣，孩子爱玩。

总之，家长如果抱着"不要让孩子输在起跑线上"的理念迷信市面上各种各样号称益智、开发大脑的产品及兴趣班，让孩子每天不是在兴趣班就是在去兴趣班的路上，就说明家长可能并不了解这个阶段孩子的学习和成长特点，这对孩子的成长不仅无益，甚至有害。我们不反对从小关注孩子的学习和发展，但只有了解孩子的发展特点，我们才能真正理解孩子；也只有遵循孩子的成长规律，我们才能真正促进孩子的发展，并为他们未来的人生奠定基础。

二、学前阶段孩子的重点学习任务

现代父母普遍非常重视早期教育，但许多家长不懂得孩子身心发展的规律，常常"超前教育"，过早推动孩子的学习进程。孩子刚牙牙学语，就急于教他们认字、计数，甚至背诗，把孩子的小脑袋塞得满满的。有的家长还搞"物质刺激"，试图通过奖励的方式督促孩子学习。但这种早教是否真正有效呢？有的家长付出了巨大的努力，却收效甚微，甚至揠苗助长，其根本原因是没有遵循儿童身心发展的客观规律，只凭父母的良好愿望盲目强调婴幼儿智力的开发。重视婴幼儿智力开发当然是好事，但必须根据孩子的智力发展规律循序渐进。

学前阶段是孩子心智和神经系统迅速发展的最重要时期，也是孩子发展智力和潜力的关键期。在对孩子开展教育的过程中，对孩子实施有目的、有规划的教育是非常必要的，尤其在注意力培养方面。

学前阶段是孩子生命中的重要时期，孩子的大脑飞速发育。3~6岁的孩子正处于思维能力开发的最佳时期,在这个时期对孩子的大脑进行有效、科学的信息刺激，对孩子未来的学习和发展有重要作用。

学前阶段，培养孩子的各种能力比单纯灌输知识更重要。培养孩子的注意力、记忆力、思维能力，可以使孩子在今后的学习、生活、工作中处处受益。

（一）培养孩子的注意力

培养学前阶段孩子的注意力，是开发孩子智力和培养孩子耐心的首要条件。有研究表明，根据学前阶段孩子的注意力水平可预测其受教育程度和学业成就，尤其在语言、文字和数学学习方面最为突出。

2004年，我国一次大规模研究从学龄儿童常见的34种问题中评选出影响儿童身心健康发展的最常见的十大问题，其中易分心、坐不住、注意力不集中位居榜首。

学前阶段孩子正处于注意力发展的初级阶段，其注意力的形成与完善仍有赖于家长的组织与引导。家长应有意识地创设良好环境，通过合理方式加强对孩子注意力的培养，以帮助孩子不断提升注意力，适应未来学习与发展的需要。

家长应该有选择性地与孩子一同开展游戏活动，并在活动中有意识地培养孩子的注意力。游戏活动方法很多，如让孩子找回不见的玩具便是一种简单易行的培养孩子注意力的游戏方法。其具体做法是：家长与孩子一同取出几件玩具摆放在桌上，并教孩子清点玩具的数量，让孩子说出玩具的名称，记住玩具的种类。然后趁孩子不注意时拿走其中的某个或几个玩具，问孩子"什么东西不见了"，让孩子集中注意力去回想、查看、寻找。家长还可根据具体情况选择其他类似的游戏方法。

实验室

游戏能锻炼孩子的注意力

一、实验目的

研究游戏对孩子注意力的影响。

第三章　掌握不同阶段孩子的学习特点

二、实验过程

苏联心理学家让幼儿在游戏和单纯完成任务两种不同的活动方式下将各种颜色的纸条分装在与之同色的盒子里，观察幼儿注意力集中的时间。

在游戏时，4岁幼儿可以坚持22分钟，6岁幼儿可以坚持71分钟，而且分装纸条的数量比单纯完成任务时多50%。在单纯完成任务时，4岁幼儿只能坚持17分钟，6岁幼儿只能坚持62分钟。

三、实验结果

在游戏活动中，孩子的注意力集中程度和稳定性较强。

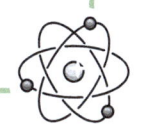

家长可以通过体育活动提升孩子的注意力。很多体育活动都有利于幼儿神经系统的成熟，以及平衡能力及自控能力的发展。家长还可以对孩子进行注意力稳定性训练。已有研究表明，儿童注意力稳定性水平与学习效果密切相关，具有较高注意力稳定性水平的儿童通常学习效果更好。儿童注意力稳定性水平在很大程度上影响其日后认知能力的发展，这在国内外学者的研究中都得到了验证。定点拍球、下棋、一些静态游戏（如串珠子、夹珠子、拼图）等活动都可以训练孩子对物体特征的注意，聚焦孩子的注意力。另外，关于视觉、听觉的注意力训练也有利于帮助孩子摆脱无关信息的干扰，快速提取重要信息。

在注意力训练过程中，家长应遵循三大原则：一是要让孩子快乐，训练方式应具有趣味性，最好采取游戏形式，让孩子在玩耍中自觉提升注意力。刻意强迫孩子训练，非但难以达到目的，反而会让孩子产生抵触情绪。二是要不断重复，使之成为习惯，一旦养成习惯，孩子就会自觉内化训练效果。三是要为孩子营造不受干扰的环境，尽量保持环境安静、舒适，以排除无关刺激干扰，提高孩子的专注度，防止注意力分散。

（二）培养孩子的记忆力

"哪里没有兴趣，哪里就没有记忆。"歌德的话准确说明了学前阶段孩子的记忆特点。孩子的记忆力在很大程度上依赖于儿童时期正确的培养。

第一，在游戏活动中培养孩子的记忆力。明智的家长绝不会"命令"学前阶段孩子记住这、记住那，而是让孩子在玩中学、在玩中记。只要听听"你拍一，我拍一，早早睡觉早早起……"这样的拍手歌，就不难想象利用游戏可以让孩子在无意间记住多少东西了。可以用来训练学前阶段孩子记忆力的游戏有很多，如读歌谣、讲故事、猜谜语、唱儿歌等。

第二，通过多感官学习培养孩子的记忆力。当我们想让孩子记住一样事物时，就要想办法调动多感官来参与，不仅用嘴巴读、耳朵听，还要用手去触摸，甚至去品尝。如将食物做成字母的形状，就会帮助孩子加深印象，记得更快、更牢固。

第三，家长要尽可能拓宽孩子的认知。无论是带孩子去探索自然，还是带孩子看经典的纪录片、读科普书等，都能丰富孩子的知识和经验。孩子在生活实践中接触的事物越多，知识和经验就越丰富，就越有利于他们在记忆对象之间建立各种联系，也更容易回忆。

第四，家长要明确孩子记忆的目的。给孩子设定一个明确的任务，可以增强大脑皮层相关区域的兴奋性，形成优势兴奋中心，从而使孩子更容易记住。例如，家长给孩子讲故事，先对他说："妈妈讲个故事，回头你再讲给爸爸听。"这样可以促使孩子记住你讲的故事。

第五，家长还要关注孩子的情绪状态。当我们希望孩子记住相关事物时，要让孩子处于一个平和、喜悦的状态，情绪越放松，孩子记得越快、越牢。切记不要急功近利，在孩子记忆较慢的时候对他们施加压力，这样做只会让孩子记得越来越慢。因此，为孩子营造良好的家庭氛围至关重要。

（三）培养孩子的思维能力

学前阶段孩子在学习、生活中有一些常见思维问题，如听不懂指令，不能理解较长的语言信息；出现"数学焦虑"，不喜欢数字类的游戏；反应慢，怎么教都不会；粗心、马虎等。很多家长会将孩子的这些表现归为注意力问题、学习习惯问题、智商问题等，甚至认为孩子学习态度不好。其实，问题的关键在于孩子底层的思维能力的发展。

学前阶段是孩子大脑发育的黄金时期，是个人发展的重要阶段。芝加哥大学本杰明·布鲁姆教授通过实验发现，儿童在3~8岁时思维能力极速发展，随后思维能力增长明显放缓（见图3-3）。

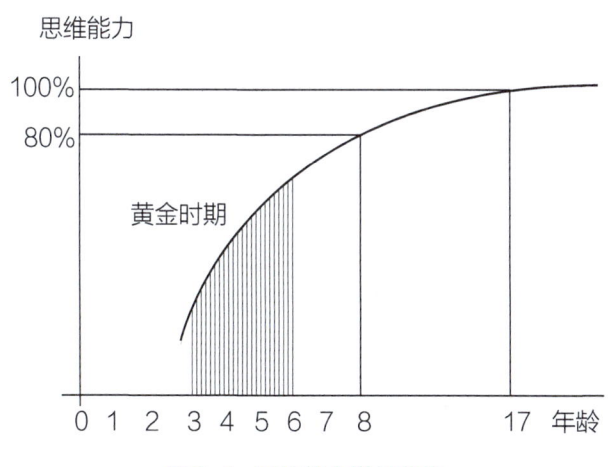

图3-3 思维能力增长曲线

作为孩子智力的开端和重要组成部分，思维能力的发展不是一件简单的事情，需要进行一定的训练和塑造。

在游戏中自主探索是孩子思维能力提升的有效途径，而恰当的竞争与鼓励有利于增强思维的持续性。学前阶段孩子具有一定的自我判断与感知能力，对于新鲜事物往往主动关注，但思维持续性不足。恰当的竞争与鼓励可以激发孩子的潜力，具有明显的动力效应。在游戏中引入竞争与鼓励机制时，需要把握好竞争的时机、鼓励的方向性和尺度。不能单纯地为了鼓励而鼓励，而应根据孩子参与游戏的态度、表现情况给予相应的鼓励。还需要把握好竞争的复杂性和鼓励的多样性，根据孩子的个体差异及完成活动的多样性给予相应的鼓励，增强他们的成就感，以增强主动思维的动机。

想象力的发展是学前阶段孩子创造性思维发展的核心。想象力在学前阶段孩子的学习中发挥着重要作用，也是游戏的关键。想象力是智力活动的翅膀，它能为思维能力的飞跃提供强劲的推动力。因此，家长要善于向孩子提出各种问题，让孩子通过想象来开阔思路。家长在生活中也要善于抓住时机，随时随地启发孩子，科学有效地培养孩子的想象力。

好奇心是孩子思维发展的动力和源泉。好奇心是孩子认识世界的一种天然动力，能够激发他们对新事物的探索欲和求知欲。孩子天生对世界万物充满好奇，对学习也是如此。比起学了多少知识，学前阶段保护好孩子的好奇心更为重要。退一步说，至少不能因为强制要求孩子学习小学课程而损害孩子对知识的好奇心，让孩子感到学习是很痛苦的事。家长可以通过提供丰富多彩的学习体验，鼓励孩子提出问题来培养孩子的好奇心。此外，要给予孩子足够的自由和空间，让他们自主选择学习的方向和方式。当孩子提出问题时，不妨与他们一起探讨并尝试寻找答案，这样可以促进他们的思维发展，提升问题解决能力。

（四）做好幼小衔接

进入小学是每个孩子都必然面对的挑战。学前阶段的儿童主要通过游戏发展主动性，而小学阶段的儿童主要在学习中获得勤奋感。这两个相互衔接的发展阶段看似有着截然不同的发展任务，但实际上，学前阶段的发展是后继各阶段发展的基础。家长可以从以下几方面帮助孩子做好准备工作。

（1）帮助孩子建立角色转变的意识。从幼儿园小朋友到小学生，是孩子生活中的重大转变。无论孩子自身是否体察到这种转变，但小到具体行为规范，大到社会要求的改变，都常常让孩子措手不及。当这种焦虑情绪未能及时疏导而不断累积时，可能使孩子丧失学习兴趣，甚至对学校和学习产生厌恶感。因此家长要未雨绸缪，帮助孩子建立角色转变意识，重视孩子在过渡期的健康发展。

（2）家长可以巧妙利用情绪的力量激发孩子上小学的主动性，让他们乐于面对挑战。例如，当年龄稍大的孩子及其父母到家中做客时，家长可以有意对小客人上小学后的积极变化给予肯定，这时孩子适度的"嫉妒心理"很容易激起他们对上小学的迫切渴望，使他们对小学生活无比期待，并在这个过程中体验主动感；而在家庭宽松的氛围中，不同年龄儿童的交往也能让孩子从同伴那里学到很多间接经验，成为应对改变的有益参考。

（3）培养孩子的自理能力。在家中，孩子力所能及的事，家长切忌包办代替。家长应该积极配合幼儿园的要求，保持家园教育的连贯性和一致性，并帮助孩子练习一些基本生活技能。

（4）增强孩子的规则意识。家长可以通过具体事件逐步增强孩子的规则意识。例如，在学习中，引导孩子按时完成学习活动,并尽量自己独立完成；在生活中，引导孩子遵守游戏规则、社会规则。家长还应当尽量调整好家庭生活时间,配合幼儿园作息时间。此外，家长也应以身作则，带头遵守家庭的基本生活规范，不乱放东西、按时作息。这些实际的榜样作用对孩子有潜移默化的深远影响。

（5）锻炼孩子的交往能力。要帮助孩子树立交往的自信心，并创造机会鼓励他们主动与人交往。让孩子学习一些交往技能，懂得交往礼仪也是十分必要的。例如，通过故事、儿歌等让孩子懂得交往中要真诚、谦让、不卑不亢；有了矛盾、冲突可以通过和平方式解决等。当孩子与他人产生矛盾、冲突时，家长不必急于介入，给孩子自己解决问题的机会，事后适时引导，这也是提升孩子交往能力的有效途径。

进入小学是孩子成长中的重大事件，对孩子的情感、智力发展和心理健康都有直接影响。家长要尊重孩子的生长规律，帮助孩子顺利过渡。

通过以上这些重要任务，孩子能够在学前阶段建立起基本的学习能力，为日后的学习打下坚实的基础。再次提醒，这个阶段的学习应该以游戏和愉快的方式为主，注重培养兴趣和好奇心。

第二节

小学阶段孩子的发展特点与重点学习任务

> **家长困惑**
>
> 都说小学中年级是学习成绩的分水岭，我特别怕孩子在这个时候被"分"下去，因此从一年级开始就要求他至少提前学习半学期的内容。孩子十分不适应，感觉很不开心。还有什么更好的方法帮助孩子吗？

小学阶段的孩子正处在身心快速发育的时期，他们不仅身高、体重不断增加，运动能力和协调性也不断提升。此外，他们的注意力、记忆力和思维能力等认知能力也在快速发展。小学阶段也是孩子的学业水平开始拉开差距、呈现出个体差异的阶段。了解孩子在小学阶段各方面的发展速度、过程、顺序和水平上的差异，可以更好地理解孩子发展的独特性，不仅能为孩子的成长提供足够的空间和可能性，也可以缓解家长对孩子学习成绩的担心和焦虑。

一、小学阶段孩子的发展特点

（一）注意力

1. 易被新奇、变化的事物吸引

在小学阶段，孩子的注意力从无意注意向有意注意发展和过渡。7~10岁的孩子以无意注意为主，容易被新奇、有趣、显眼的事物吸引。也就是说，中低年级孩子的注意力容易受到外界的影响和干扰。例如，孩子做作业的时候坐不住，一会儿要去厕所、一会儿要吃东西、一会儿玩铅笔、一会儿玩橡皮。此时，有趣、新奇的学习材料和学习任务可以帮助孩子在学习时保持专注。

随着年龄的增长，孩子的有意注意逐渐发展。10岁以后，孩子的有意注意开始占主导地位。这意味着高年级孩子控制注意力的能力有所增强，受到外界环境的影响较小，能把注意力集中在相关的内容上。例如，高年级孩子能集中注意力写作业，分心的时间减少。

2. 注意力的分配性和转移性比较弱

在小学阶段，孩子有一个明显的特点，就是无法对自己的注意力进行合理分配，容易顾此失彼，不太能"一心二用"。例如，现在许多教室已经多媒体化，孩子需要一边听老师讲课，一边看幻灯片和课本，并按照老师的指令执行一些动作。这时孩子就需要同时注意一个或几个目标，有时甚至需要一边听讲一边做笔记。听讲、看课本、做笔记都需要高度集中注意力才能完成，而小学阶段的孩子很难兼顾。

因此，在学习过程中，应尽量让孩子在一定时间内只完成一项明确的学习任务，而不是同时完成一系列任务。例如，对于低年级的孩子，不要要求孩子在读课文的同时完成标生字、标段落、理解课文含义等一系列任务,而要将任务拆分,引导孩子逐一完成:先让孩子标出段落;然后读一遍课文,圈出生字;接着查字典,标出生字的拼音,并再读一遍,认识生字;最后再读一遍课文,理解课文的含义。

另外,孩子将注意力从一个事物转移到另一个事物上也很难,要么无法转移,要么转移速度慢。例如,从课间休息到上课,有的孩子无法将注意力从课间游戏转移到老师的讲解上;又如,上一节是语文课,下一节是英语课,孩子可能也无法迅速地将关注的重点由拼音变成英文字母。

3. 注意力的广度有限

注意力的广度是指短时间内孩子能够清楚觉察到的事物数量。例如,在记忆英语单词时,孩子可以一眼看到一个单词由几个字母组成。"一目十行""眼观六路""耳听八方"都描述了注意力广度好的情况。

不过,人的注意力广度都是有局限性的,没有人能够在短时间内认知所有事物。在小学阶段,孩子注意力的广度比较狭窄,随着年龄的增长,注意力的范围和广度会不断扩大。有研究者用速示器在0.1秒的时间内呈现圆点图,二年级的孩子能清楚认知的圆点数一般少于4个,五年级的孩子在4~6个,成人甚至能达到8~9个。

成人也许能够在短时间内认知更多的事物,但仍然受到认知局限的影响。更不用说孩子,他们的注意力本就不容易集中,只能一个事物一个事物地认知,难以同时处理大量信息。例如,阅读文章时如果字数太多,孩子就可能看不全,容易出现跳行、漏字等情况。这时,家长可以教孩子用画圈、画横线等方法标出关键信息,帮助孩子认识生字、新词。

4. 注意力的集中性与稳定性有待加强

除了注意力的范围不够广,孩子注意力的集中性与稳定性也较弱。

如果要求孩子将注意力都集中在某种事物上,他们可能很难做到长时间专注。

当然,这也是相对的。对于感兴趣的事物,孩子的注意力相对更集中、稳定一些;对于那些具体的、可操作的工作,他们的注意力也更容易集中与稳定。然而,对于一些抽象的公式、定义或单调、刻板的内容,或者不愿意做的事情,他们的注意力就会很容易被其他有趣的事物干扰;再加上孩子自制力差,一旦注意力转移,就更不容易重新"启动"。

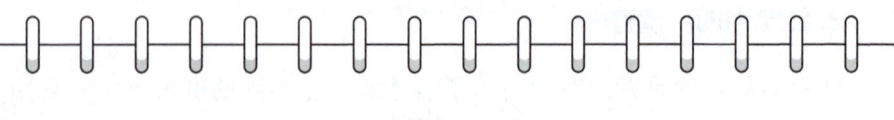

知识库

小学生注意力的发展规律及与成人的区别

小学生的注意力处在发展过程中,与成人有很大区别。很多家长在孩子升入小学之后,就急于用成人的标准要求孩子:做作业、看书必须长时间保持专注,能坐在书桌前一动不动是最好的,这才是好学生的样子。这些家长并不知道,孩子在这个阶段是没有办法像成人那样保持高水平的注意力的。我们可以通过表3-1直观地了解小学生注意力的发展规律及与成人的区别。家长不要急于求成,要根据小学生的发展规律开展家庭教育。

表3-1 小学生注意力的发展规律

注意力	小学生			成人
	1~2年级	3~4年级	5~6年级	
注意力的广度	3~4个对象	4~6个对象	4~6个对象	4~9个对象

续表

注意力	小学生			成人
	1~2年级	3~4年级	5~6年级	
注意力的稳定性	15~20分钟（对于新颖的、感兴趣的事情，时间会更长）	20分钟	25分钟	基本能保持40分钟以上，处于专注状态时，时间会更长
注意力的分配性	不能同时注意2个及以上事物	可以同时注意2个事物	可以同时注意2个及以上事物	可以同时注意2个及以上事物
注意力的转移性	较差，不能立刻投入被中断的事情	能够将注意力从一个对象转移到另一个对象	能够较迅速地转移注意力	能够主动、迅速地投入另一件事情

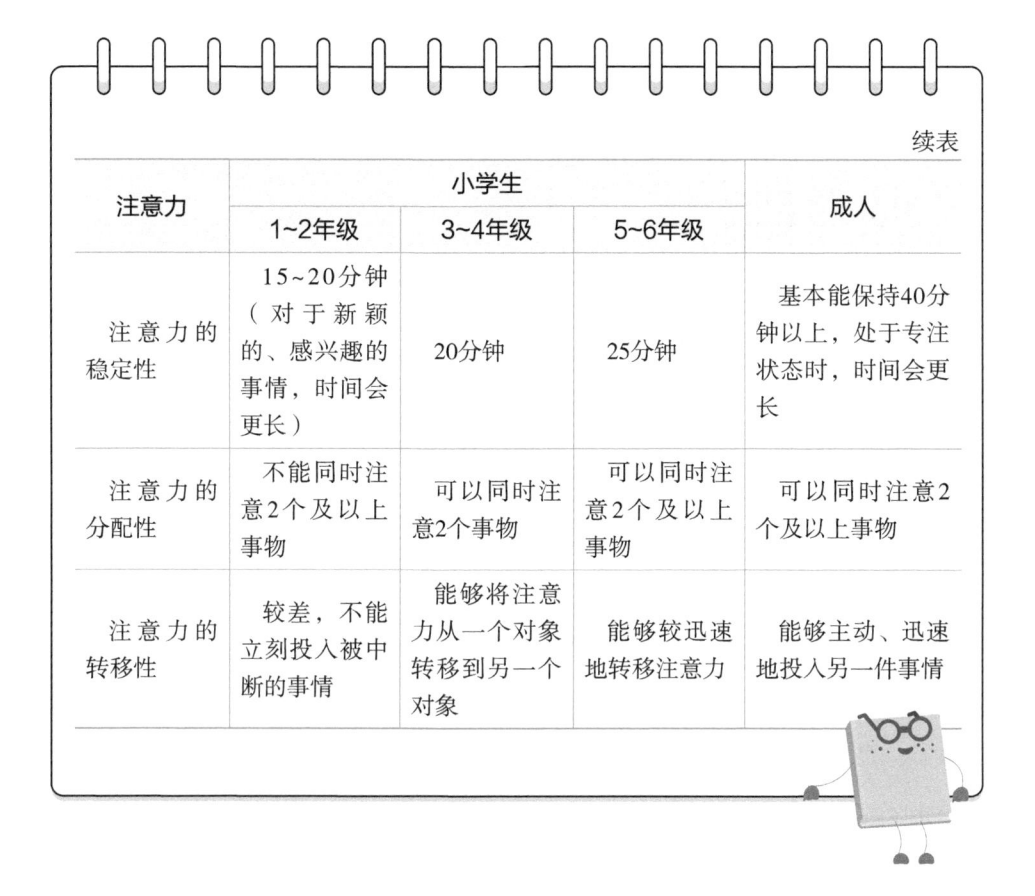

（二）记忆力

1. 从无意记忆和机械记忆向有意记忆和理解记忆过渡

在低年级阶段，孩子更多地依赖无意记忆，也就是在日常活动中无意间记住了某些信息。对于需要识记的知识，往往通过反复背诵、重复等机械的方式来记忆。从三年级开始，有意记忆开始占据主导地位，孩子能自觉背诵课文、公式或记住老师布置的作业。在中年级阶段，他们运用理解记忆的能力超越了机械记忆（见图3-4）。

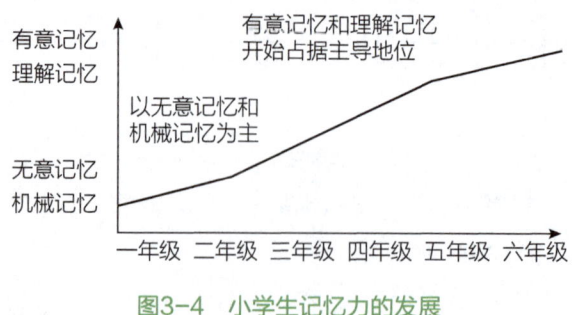

图3-4　小学生记忆力的发展

2. 记忆容量和记忆广度接近成人水平

记忆容量主要指人在短时间内能记住多少信息。小学生的记忆容量已经接近成人的水平了。记忆广度是一个实验心理学术语，是指人对瞬间呈现材料的最大即时保持量，最初的测量方法由雅克布斯于1887年提出。测量时，主试每次给被试诵读一组随机数字，长度为3~12位。当一组数字读完时，被试必须即刻按原顺序再现。正常成人能正确回忆的数字一般为5~9个，7岁孩子的记忆广度已经增加到5个数字。这说明7岁的孩子记忆广度也已经接近成人的水平了。

3. 逐渐学会运用更有效的记忆方法

低年级的孩子通常像学前阶段一样习惯使用简单的复述记忆法，如在背诵古诗词或课文时一遍又一遍地重复。高年级的孩子开始学会使用聚类复述法，如他们记忆一长串电话号码时，不会像以前那样把一个个数字背下来，而是把电话号码分成若干组块来帮助记忆。这是一种更高阶的记忆法。

从中年级开始，孩子就在老师和家长的指导下使用组织记忆法，如用列提纲、画图和做表格等方法帮助记忆；到了高年级，他们就可以自发地运用这种记忆方法。理解后的记忆显然比死记硬背更加有效，记忆效果也更持久。

高年级的孩子还可以掌握表象记忆法，通过创建心理表象，如图画、场景等来促进记忆。例如，在背诵《静夜思》时，呈现出诗人在床前看窗外明月的场景，孩子就可以很快记住"床前""明月""举头"这些词语。

（三）思维能力

1. 思维水平进入具体运算阶段

7~12岁孩子的思维水平进入具体运算阶段，其突出特点是能够进行简单逻辑推理。例如，孩子可以理解和运用简单的逻辑关系，如因果关系、比较关系等；在数学运算方面也有明显进步，能理解和运用一些基本的数学概念，如长度、重量、时间等，可以进行简单的加、减、乘、除等基本运算。

2. 从形象思维逐步过渡到抽象思维

在低年级，孩子的思维仍以形象思维为主，对事物的认识主要依赖于直观、具体的形象。例如，一年级孩子在计算10以内加减法的时候还需要借助手指，对图形的变化和想象还需要借助一些真实的模型。他们不能在想象中比较两种事物的异同，也无法概括出语文课文的中心观点。

到了中高年级，孩子的抽象思维能力明显增强，存在一个"飞跃"期。一般认为，这个"飞跃"期出现在四五年级（10~11岁），如果家长和老师适当引导，则可能提前到三年级。大多数中高年级的孩子可以依据逻辑分析，对面前的信息和材料进行概括、归纳。

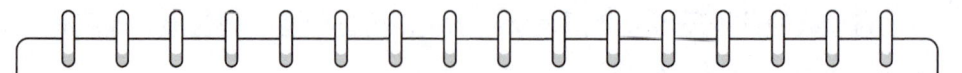

> ### 知识库
>
> **形象思维与抽象思维**
>
> 　　形象思维主要是人们在认识世界的过程中对事物表象进行取舍时形成的，是只用直观、形象的表象解决问题的思维方法。
>
> 　　抽象思维主要是人们在认识活动中运用概念、判断、推理等思维形式，对客观现实进行间接、概括的反映的思维方法。
>
> 　　与形象思维不同，抽象思维不是以人们感觉到或想象到的事物为起点，而是以概念为起点进行思维的。

　　可以选择适合孩子年龄段的书籍，尤其是寓言、故事、科普类的书籍，让孩子接触到更多概念和观点；鼓励孩子观察身边的各种事物，引导他们思考这些事物的特点；还可以和孩子一起玩数学游戏、拼图游戏、棋类游戏等，这些游戏不仅有趣，还能让孩子在玩耍中学到抽象思维的方法。

（四）学习动机

　　学习动机是保持学习行为最关键的因素之一，对学习成绩的影响最显著。而且随着年龄的增长，学习动机这一非智力因素对成绩的影响越来越大，它不仅推动孩子投入学习活动，还影响孩子的高级认知活动。在小学阶段激发孩子的学习动机，让孩子爱上学习，不仅是为了提高孩子的学习成绩，更是为了孩子一生持续发展。

1. 随着年级升高，学习动机下降

《中国少年儿童十年发展状况研究报告（1999—2010）》表明，随着年级的升高，孩子"非常喜欢学习"的比例不断下降。在小学1~3年级，超过80%的孩子"非常喜欢学习"；在小学4~6年级，下降为75%左右；而进入初中后则呈现断崖式下跌，比例不足50%。

孩子学习动机下降是有原因的。在低年级，学习的挑战相对较小，学校环境充满新鲜感，因此大多数孩子喜欢学习。随着年级的升高，学习不再像刚进学校那样新鲜和简单了。由于学习任务加重、学习难度增加，孩子的失败经历增多，这在某种程度上损害了孩子的学习动机，甚至使孩子产生厌学情绪。

2. 外部学习动机逐渐转化为内部学习动机

小学中低年级孩子的学习动机主要来自外界，包括获得父母和老师的表扬、奖励等，以"要我学"的观念为主，认为学习就是为了完成父母和老师布置的任务，学习是为父母学的。这个阶段孩子的学习动机不稳定，更换老师、考试失利、成功时未得到及时表扬等，都可能影响孩子的学习动机。

到了高年级，随着孩子自主意识、求知欲的增强，以及知识的积累和学习习惯的养成，他们的自我控制能力逐渐增强，能够用意志力去克服学习过程中的各种干扰和困难，开始考虑长远的学习目标，内部学习动机更加清晰、明确。

二、小学阶段孩子的重点学习任务

（一）低年级：顺利度过入学适应期，培养学习习惯

1. 顺利度过入学适应期

孩子刚升入一年级，家长可能遇到这样的问题：有的孩子过了新鲜劲儿就不想去学校了；有的孩子不愿与老师和同学交流；还有的孩子不能适应学校的作息和学习任务……这让家长头疼不已，忧心忡忡。其实，这是所有孩子都可能遇到的入学适应问题。

小学和幼儿园有很大不同，孩子需要有一个入学适应的过程。与"自由""有趣""在玩中学"的幼儿园相比，小学有明确的学科划分、教学大纲和学习目标，还有新的老师和同学，对孩子行为规范和学习情况的要求也更加严格。对于六七岁的孩子来说，接受这些变化并不容易。

孩子的入学适应情况因人而异，有的孩子很快就如鱼得水，有的孩子很长时间都"格格不入"。孩子在入学后的第一个月、第一个学期甚至第一年，都可能出现适应不良的问题，这既与孩子的性格、身心发展水平等有关，也与家长在孩子入学前所做的准备有关（见表3-2）。

表3-2 常见的入学适应问题

问题	说明
生活方面	不会自己整理书包，经常忘带学习用品，找不到作业和文具；无法适应上课、下课的节奏，课间只顾着玩，不去厕所，不喝水；不适应教室的环境，衣服、水杯等物品到处乱放，放学忘了带回家
学习方面	面对学习内容和学习方式的变化，觉得上学不好玩，甚至不想去学校；不适应学校的各种规章制度，常常忘记纪律要求，上课时随便讲话，随意离开座位，打断老师讲话
人际关系方面	面对陌生的老师，不敢、不愿与老师交流、互动，受到一点批评就不喜欢老师了；在同伴交往上，由于不会正确表达自我，不懂交友规则，可能出现没有朋友、无法融入班集体等情况，或者喜欢打小报告，容易与同学起争执

帮助孩子顺利地适应小学生活，家长首先要调整好心态，不必过于担心孩子在学校的表现，也不必过分关注孩子的学习，对孩子学习的要求和预期应该是合理和适当的。对刚入学的孩子来说，保护他们对学习的兴趣比成绩更重要。

在入学前，有必要帮孩子实现"小学生"的角色转变。家长可以有意识地培养孩子的各种能力，包括规律作息和自理能力；帮孩子树立讲规则、守纪律的意识；还可以鼓励孩子多和老师、同学交流。孩子入学后，关注他们的情绪和行为变化，与老师保持沟通，及时发现问题并找到原因，和老师相互配合，引导孩子尽快适应小学生活。

另外，入学适应不仅是学习适应。如果孩子在人际关系和生活方面无法适应学校生活，他们的学习情况自然也会受到影响。因此，家长要对孩子入学适应的各方面都予以关注。

2. 培养学习习惯

学习习惯对孩子的成绩有重要影响。例如，有老师分析了学生在某次考试中的试卷，发现超过1/3的失分是孩子的不良习惯导致的，包括不认真审题、计算粗心大意、书写不规范等。

低年级是培养学习习惯的关键期。一方面，在孩子刚刚开始学习的阶段培养新习惯比较容易；另一方面，这个阶段的孩子具有很强的可塑性，对家长、老师的依赖性强，成人的表扬和肯定会对他们的行为产生很大的影响。因此，在低年级培养孩子良好的学习习惯可以取得事半功倍的效果。

在不同的成长阶段，需要培养的学习习惯应当有所侧重。为了让孩子尽快适应学校生活，在低年级时，应重点培养孩子认真听讲、认真书写、主动学习等基本的学习习惯。如果孩子出现一些不良的学习习惯，如书写不整洁、听讲不专心等，家长要有意识地帮助孩子纠正。

良好的学习习惯有助于集中大脑认知资源，提高学习效率。大脑的注意广度（同一时间注意到的范围）是有限的，工作记忆（在短时间内对信息进行即时加工记忆）的容量也是有限的，而良好的学习习惯有助于孩子屏蔽外界的干扰，更快、更专注地完成当前的学习任务，从而提高学习效率。例如，养成正确阅读习惯的孩子能一页页翻书，每页都仔细阅读，这样就能更好地理解文章所要表达的意思。有些孩子明明很想认真学习，却总是不可控制地走神、溜号。这是因为他们的潜意识不受控制，在"忙"别的事情。当孩子形成良好学习习惯后，在任何时候、任何场合都能比较容易地进入学习和思考的状态。例如，没有养成正确坐姿和握笔姿势的孩子，在做作业的过程中更容易动来动去，不断擦了又写、写了又擦，注意力被分散了。因此，学习习惯对孩子的学习和成绩影响重大，不容忽视。

（二）中年级：培养勤奋的品质，应对学习分化

1. 培养勤奋的品质

很多家长看到孩子上了三年级后成绩开始下降，就把中年级开始出现的成绩分化归结为智商差异，认为有的孩子天生聪明，所以学得好，而有的孩子智力一般，所以才落后了。实际上，真正造成成绩下降的原因大都在于孩子是否对学习有自信心，是否认为努力是重要的，是否具有勤奋的品质。

比起学前阶段在游戏中学习和小学低年级靠简单的记忆、模仿学习，中年级是一个更重要的转折期。随着课程难度的增加和学习要求的提高，孩子需要运用更加复杂的思维和学习策略解决学习中的困难与问题。要掌握这些复杂的知识和学习方法，仅靠聪明是不够的，勤奋开始变得更加

重要。

如果孩子不能在学习任务变难时及时意识到勤奋的重要性，不会主动克服困难，应对学习中的挑战，而仍然像小时候那样抱着边玩边学的态度，或者以为学习是不用辛苦就能做好的事，就很可能在不知不觉中落后于人。等到高年级要面对"小升初"时，才发现自己尚不具备勤奋学习的基本品质和良好的学习习惯、态度与能力，难以适应不断提高的学习要求，则可能面临更大的困难。

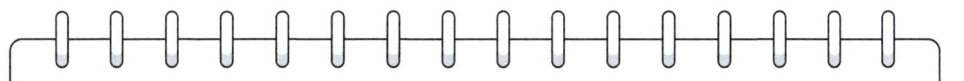

知识库

小学阶段是孩子形成勤奋感的关键期。勤奋感来源于心理学家埃里克森的心理发展理论。埃里克森认为，每个人的人生都可以划分为八个阶段，每个阶段都有独特的发展任务，即"处于什么年龄就该做什么事情"。如果一个人未能成功完成本阶段的任务和挑战，就会对下阶段的发展造成影响，并在将来重新遇到类似的问题。

该理论的第四个阶段即学龄期，个体要完成的核心任务是解决勤奋和自卑的冲突。如果孩子在这个阶段能顺利地完成学业，则有助于他们在以后的社会生活中形成勤奋的特质，表现为乐于工作和有较好的适应性。这种勤奋感的形成对孩子成年后的社会工作和生活影响很大，他们将来对学习、工作和生活的态度和习惯，都可源于本阶段形成的勤奋感。孩子没有形成良好的勤奋感，往往是以后学习颓废、敷衍的重要原因。

第一，要让孩子明白，勤奋并不意味着只付出足够多的时间。有的孩子看起来很勤奋，放学一回家就开始写作业，有时甚至写到很晚，平时也不怎么出去玩，但考试成绩总是不尽如人意，不知道究竟是哪里出了问题。这时，家长可能要警惕一件事，就是"伪勤奋"，即看起来勤奋，实际上却没有效果。如果只是耗费时间却没有收获，孩子只会感受到巨大的牺牲，即牺牲了玩耍的快乐和自由，付出努力却没有回报。这无疑会降低孩子坚持勤奋的动力，或者自我怀疑、自信受挫。

第二，帮助孩子优化学习策略，找到提高学习效率的方法。不同的学科有不同的学习方法，不能用一种方法学习所有的学科。因此，家长要引导孩子意识到学习方法的多样性，学会具体问题具体分析，一种方法行不通时，就去寻找新方法。无论是换个角度思考、调整任务顺序，还是向他人求助、在互联网上搜索更多的解决办法等，都比在原地打转的无效勤奋更好。

第三，让孩子学会合理期待努力的结果，这对孩子培养抗挫能力和自信十分重要。不要让孩子轻易对自己的"无效勤奋"感到失望，从而失去努力的积极性。努力一定会成功吗？这个问题或许没有标准答案。因此，家长要比孩子更客观地看待勤奋努力的结果，引导孩子对努力的结果抱有合理的期待。例如，一个数学成绩为D等级的孩子和一个长期保持在B等级的孩子，他们的进步空间不一样，进步的速度也不同；如果目标是A等级，他们需要付出的努力和时间也完全不同。孩子和家长都应有更多的耐心，家长若对孩子没有耐心，孩子也容易对自己失去耐心。别因为没看到立竿见影的进步，便否认勤奋的价值。

第四，正确鼓励孩子的勤奋。鼓励不就是夸孩子吗？其实没那么简单。夸孩子也是一种"技术活"，家长要肯定孩子的勤奋，让他们意识到通过后天努力可以提升能力、获得成就，而非一味强调孩子聪明，让孩子看轻勤奋的价值。因此，家长要对孩子的勤奋表现给予及时鼓励，尤其要表扬孩子努力的过程与认真的态度；鼓励时多用具体的语言，少用抽象的赞美，如"你今天认真做了40分钟数学作业，其间没有看一次手机，也没有东张西望，做错的题目也没有超过3道，表现得很不错"；鼓励孩子时不要和他人比较，多给予孩子积极关注，关注孩子现在哪里做得好，不要总把注意力放在过去的不足上。

2. 应对学习分化

中年级是小学阶段的过渡期。孩子的各方面能力都处于快速发展阶段，包括认知能力（如注意力、记忆力）、思维能力、学习能力和品质（学习方法和学习习惯）等。正因为孩子各方面能力都处于快速发展阶段，孩子们在学习上的差异越来越明显，所以这个阶段也被称为孩子学习的分化阶段。

孩子学习分化最直接、最明显的体现就是学习成绩的分化，不过在表面的成绩分化之下，隐藏着孩子学习品质的全面分化。也就是说，不同孩子的学习习惯、学习兴趣和学习方法都可能出现了分化。在学习习惯方面，孩子的学习习惯在中高年级后会基本稳定。此时，家长除了注意巩固好习惯，还需要注意纠正坏习惯。在学习兴趣方面，与低年级相比，孩子的学习兴趣逐渐变得清晰，对不同学科的学习兴趣不同，而学习兴趣的变化会影响该学科的学习效率、学习效果。不过幸运的是，孩子在这个时期的学习兴趣是不稳定的，容易受到各种因素的影响，因此家长还是可以通过鼓励、引导来培养孩子对不同学科的兴趣。在学习方法方面，中高年级孩子开始掌握更多的学习方法，而不同孩子在学习方法的选择能力、使用能力方面存在明显的差异。因此，家长也需要关注孩子对学习方法的掌握和使用情况。

面对孩子暂时性的成绩滑坡，家长自己要摆正心态，积极对待，避免自己的焦虑情绪给孩子带来过大的学习压力，增加孩子对学习的抵触情绪。中年级学习分化不是自己孩子的个别问题，而是大部分孩子都需要面对的挑战。只要科学对待，孩子跨过中年级学习分化的"坎儿"不是难事。

首先，家长的第一要务就是帮助孩子重拾自信，寻找突破现状的方法，鼓励孩子行动起来。中年级的孩子开始有了自己的主见，在意同伴的比较和他人的评价，家长要转变自己看待孩子的眼光和视角，以多元化的视角看待孩子的优势。例如，家长以往或许认为专注力不足是孩子的缺点，但换个角度看，孩子的注意力容易分散，容易被环境中的事物吸引，正说明孩子有很强的好奇心和可塑性，因此有趣的学习内容应该也能吸引他。

其次，多给予孩子积极、正向的关注。当孩子拿回一张考砸了的试卷时，除了问孩子是怎么做错的，还可以问他："这些题目你是怎么答对的？"让孩子在失败时仍能在自己身上找到闪光点。在为孩子设计努力目标时，要比孩子的现有能力稍高一点，既不要太容易，让孩子感受不到任何挑战，无法进步；也要跳一跳就能够得着，让孩子在每次的小跳跃中建立自信，在逐步积累中取得更大的进步。

最后，还要分辨孩子是不是出现了我们前面讲过的"伪勤奋"，也就是学习不得法。若针对不同学科找到适合孩子的学习方法有困难，就可以多和该学科的老师交流，也可以让孩子请教同学，看看同学有什么经验可以借鉴。还要注意孩子是否存在基础薄弱的情况，家长可以和孩子一起查漏补缺，制订学习计划。

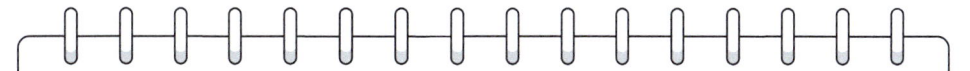

知识库

小学中高年级学生学习方法分化的情况如表3-3所示。

表3-3 小学中高年级学生学习方法分化的情况

具体情况	学习方法水平低	学习方法水平高
选择能力	容易受其他信息干扰，不能根据实际情况选择合适的学习方法	能根据实际情况选择使用合适的学习方法
使用情境	需要他人提醒，才能使用学习方法	能自发（不需要他人提醒）使用学习方法
使用质量	不能掌握一些比较高级、复杂的学习方法	不但懂得恰当地运用学习方法，还能在学习过程中形成适合自己的方法
使用效果	使用学习方法后，无法取得较好的学习效果，有时甚至起到反作用（如做错题、混淆知识点）	使用学习方法能够提高学习效率和学习质量

（三）高年级：战胜偏科，做好"小升初"准备

1. 战胜偏科

孩子进入高年级后，学习难度增加，学习节奏加快。这时家长可能发现孩子有的学科学得很好，分数也高，但是有些学科可能是班里倒数几名。这就是典型的偏科现象，学科之间的差距较大，直接影响了孩子的整体成绩。

偏科不仅表现在成绩的明显差异上，还表现在孩子对各门学科的兴趣上。偏科的苗头往往是从孩子不喜欢某个学科开始的，没有兴趣，对作业比较敷衍，考试成绩自然很难提高。

从长远角度来看，偏科其实表明了孩子对不同的专业领域已经初步展现出了不同的学习兴趣和学习能力，未来可以鼓励个性发展，成为某个领域的专精人才。然而，小学时期是孩子打基础的阶段，每个孩子都有能力学好每个学科，小学教育的目的是培养全面、均衡发展的孩子。小学阶段的学科学习是个体全部知识储备的基础，是一个人步入社会之后应当具有的知识总量的最低限度。如果在小学阶段就偏科，孩子就很容易因为某个学科掌握得不牢固而综合素质不佳。另外，各学科往往是互通的，偏科很有可能导致孩子的"强科"慢慢变弱。例如，语文阅读能力不好的孩子，很可能对数学应用题的理解有偏差，导致解题失败。

家长对于"水桶效应"一定不陌生。这是美国管理学家彼得提出的，认为一只水桶盛水量的多少并不取决于桶壁上最高的木块，而恰恰取决于桶壁上最低的木块。同理，只有在小学阶段保持各学科均衡发展，孩子才能为未来的学习打好基础，探索自身更多的发展可能。因此，如果孩子在小学阶段就出现了较严重的偏科现象，家长就不能放任不管。

孩子出现了偏科现象，疯狂补课可能还不是最重要的，最重要的是和孩子一起仔细讨论，找一找孩子偏科的具体原因。有的孩子是因为某学科的基础不扎实，跟不上老师的课堂节奏，学习十分吃力，考试屡屡受挫，对这门学科失去学习动力和信心；有的孩子是因为对某学科缺少兴趣；有的孩子是因为不喜欢或者不满意某学科授课老师；还有可能是因为家长总是给孩子"贴标签"，令孩子形成"学这个有用、学那个没用"的错误观念。

找到孩子偏科的原因，可以帮助孩子扬长补短，纠正偏科的现象。家长可以分析一下孩子的学习兴趣和优势，帮助孩子调整学习方法，激发孩子对薄弱学科的兴趣，增加学习薄弱学科的乐趣。例如，可以找一些与数学知识有关的游戏，在游戏中帮助孩子掌握数学公式。对于基础比较薄弱的学科，家长要善于发现和鼓励孩子的进步，让孩子多与自己比较，而不是跟那些学科成绩很好的同学比较。

另外，家长要多肯定老师，切不可不问缘由就和孩子一起对老师表示不满，或者简单粗暴地批评孩子。家长要让孩子明白，因为不喜欢某位老师就厌恶某个学科，甚至放弃学习，是不理智的行为。家长一定要和老师积极配合，充分信任老师，与老师沟通孩子偏科的原因，向老师请教适合孩子的学习方法，让老师可以从教学上、作业上一起帮助孩子改善偏科的现象。

2. 做好"小升初"准备

对高年级的孩子而言，从学习、生活了六年的小学升入初中，告别熟悉的环境，与多年的好朋友说再见，站在新的起跑线上，是一个充满挑战的适应过程。孩子需要快速适应陌生的校园环境和新的老师、同学，如果"小初"衔接不畅，就可能引起孩子在学习、交往、情绪等多方面的不良表现，甚至影响整个初中阶段的生活。因此，家长非常有必要帮助孩子了解小学和初中的差异，帮助孩子在身心健康、习惯培养、能力提升等方面实现小学到初中的平稳过渡。

（1）培养孩子学习的自主性，养成良好的学习习惯。要适应初中多学科、高强度的学习，孩子需要学会自主学习，而自主性主要体现在孩子的学习习惯上。因此，家长需要帮助孩子养成并坚持预习、复习、阅读、记笔记、独立完成作业的良好习惯，学会利用错题本、查阅工具书和合理使用网络资源；学会制订学习计划，合理分配时间和精力。家长在生活中要学会放手，给孩子自我锻炼的机会，孩子从生活中获得的经验也能够迁移到学习中，从而尽快适应初中的学习生活。

（2）提升孩子的心理调节能力，化解青春期的心理矛盾。要学会化解孩子在青春期的各种心理矛盾，告诉孩子升入初中后小学的优势可能不复存在，只有少数孩子能够保持原来的中心地位和重要角色，大多数孩子都会失去优势，转为普通角色。引导孩子关注自身的成长和进步，接受不完美的自己。还可以教孩子一些心理调节的方法，如深呼吸，和好朋友或父母、老师倾诉，运动等。经常倾听孩子的心声，耐心引导他们，减少孩子在青春期逐渐出现的叛逆行为。

（3）锻炼孩子的人际交往能力，提升生活技能。善于交际的孩子更容易适应新的环境，家长应尽量多给孩子提供与人交往的机会，告诉孩子一些和老师、同学交往的小技巧，让他们尽快接纳初中的新老师和新同学，减少对新环境的抵触。对于需要住校的孩子，需要提前培养孩子独立生活的能力，使他们学会基本的生活技能；培养孩子遵守规则的意识，甚至一些理财的能力。

"小升初"的结果公布后，家长可以和孩子一起参观初中校园，提前了解初中生活和学习内容，和孩子一起憧憬美好的初中生活。

第三节
中学阶段孩子的发展特点与重点学习任务

> **家长困惑**
>
> 孩子上初中之后成绩一直不好，处于缓慢下滑的状态。我们已经做好了他上不了高中的心理准备。毕竟初中的知识我们也不太懂，除了给他报培训班，我们也没法插手，多唠叨两句，他就开始顶嘴。我们想帮他，但不知道该怎么帮。

进入中学，学习成为孩子生活中越来越重要的部分，几乎每位家长对孩子的学习都愈发关注。但碍于对中学知识内容不了解，加上孩子进入了青春期，不少家长对孩子的学习感到束手无策。其实，了解中学阶段孩子的发展特点和重点学习任务，可以帮助孩子做好学习习惯、学习方法和学习心态的调整，适应全新的中学学习生活。

一、中学阶段孩子的发展特点

（一）进入青春期

1. 叛逆行为和逆反心理

提到青春期，家长有说不完的话。各种"不听话""对着干""拧巴""叛逆"几乎成了青春期孩子的标签。其实叛逆很正常，几乎每个孩子的青春期都是在叛逆中度过的。然而，如果处理不好，就可能导致孩子在学校表现不佳，影响他们的学习动力和学习成绩。此外，叛逆行为和逆反心理还可能使孩子与老师和同学之间的关系变得紧张，从而影响学习过程中的合作和交流。

在孩子的成长过程中，自我意识有两次明显且重要的飞跃，第一次是2~4岁时反抗家人对他们身体活动的约束，第二次就是青春期，所谓的"叛逆"行为就是他们自我探索的方式。他们渴望独立和长大，用各种方式摆脱父母的控制，同时也在冲突和对抗中学习和思考。

青春期的孩子在接受教育、规范、制约时，会产生一种与大多数人对立的、背离常理的心理状态，这种具有逆反性质的情绪体验和行为倾向其实是他们自我意识发展和思维水平提高的结果。自我意识的发展让他们希望了解自己，并且开始审视自己，希望拥有自己的思想。思维水平的提高使他们开始批判性地看待父母或老师灌输给他们的观点和认识，并加以排斥，产生逆反心理。此外，青春期孩子的中枢神经系统活动明显增强，处于过分活跃的状态，这让他们对周围的刺激，包括家长的态度非常敏感，容易跟家长对着干，出现叛逆行为。例如，家长叮嘱他们好好学习、认真做作业，他们会觉得烦，并表现出不耐烦；偶尔考试失败了，他们听不得家长一句唠叨，觉得特别伤自尊；家长提供的学习帮助，他们不太能接受，觉得家长管得太宽；等等。

对于孩子的叛逆行为，家长不必过于焦虑。可以换个角度看待"叛逆"，试着从孩子"叛逆"的行为中发现他们的奇思妙想、勇敢乐观、好胜、创新等众多积极的心理品质，这些心理品质对孩子的学习能力发展都具有积极作用。

在这个阶段，家长要注意给孩子足够的尊重，与孩子平等地交流，减少控制和命令，满足他们"独立自主"的心理需要。尤其在学习方面，孩子更愿意自己掌控学习，他们也不认为家长能在学习上帮多少忙。因此，家长关于学习的老一套说教和唠叨必然效果不佳，需要重新掌握一套与青春期孩子沟通学习的"话术"。

2."暴风骤雨"般的情绪

青春期的孩子情绪多变，一会儿高兴，一会儿难过，弄得家长莫名其妙，不知所措。有的孩子甚至"一时冲动"酿成严重的后果，让家长追悔莫及。而这些情绪波动也会直接影响他们的学习状态和学习成绩。当感到情绪低落或沮丧时，孩子可能丧失对学习的兴趣，导致学习效率降低。此外，青春期情绪波动还可能影响孩子的注意力和集中力，从而影响学习效果。

青春期的孩子情绪极端、多变，这是因为这个阶段负责控制理性行为的大脑额叶发育还不成熟，对过激情绪的抑制能力还比较弱。一些过激的言语和行动并不是他们有意为之，只是还不能很好地控制自己。再加上激素水平的变化，当初中学业压力增大，人际关系变得复杂时，他们很容易冲动和爆发不良的情绪。

家长觉得孩子的情绪"不可理喻"时，不一定非要搞清楚原因。我们只要关注他们情绪的变化，接纳他们的各种情绪，允许他们在安全的范围内合理表达情绪就足够了。面对情绪激动、多变的孩子，家长有时候也很容易"压不住火"，与孩子发生冲突。这时，家长一定要先控制自己的情绪，耐心地倾听，冷静地分析，帮助孩子找到坏情绪的源头，不能和孩子"硬碰硬"，更不能说一些"火上浇油"的话刺激孩子。如果孩子的不良情绪持续一段时间没有好转，家长就要考虑是否需要向学校或医院的心理专业人士求助了。

3. 正视亲子冲突

在青春期，孩子和家长之间的亲子冲突是不可避免的，也是正常的。亲子冲突可能导致孩子的注意力和精力分散，使其难以集中精神学习。当孩子面临与父母的冲突和压力时，他们的思维可能被这些负面情绪占据，无法有效地专注于学习任务。亲子冲突诚然会冲击和破坏亲子关系，但如果处理得好，则能够帮助孩子在抗争和冲突中增强自主性，形成更加客观、成熟的自我认知。

学业、家务、交友、日常消费、生活安排、外表着装、家庭关系和隐私问题是亲子冲突的主要方面，其中学业往往是亲子冲突最主要的原因。例如，家长过高的学习要求给孩子带来压力，导致亲子双方在学习安排、成绩目标等问题上产生冲突；或者孩子的成绩波动让家长认为孩子没有努力、心思不在学习上，从而引发冲突。

"当青春期遇上更年期"，从这句话中可以看出亲子冲突不仅有孩子的原因，也有家长自身的原因。因此，避免亲子冲突还需要家长积极控制情绪，尊重孩子的自主性，把孩子当作成人来对话，这种温暖、平等的家庭氛围可以大大减少冲突。

4. 关注心理问题的信号

孩子的心理健康和身体健康同等重要，而且心理健康处于健康的核心地位。2018年，中国青少年研究中心和共青团中央国际联络部共同发布的《中国青年发展报告》显示，我国17岁以下儿童及青少年中，约3000万人受到各种情绪障碍和行为问题的困扰，69.75%的初中生出现过焦虑情绪。进入青春期后，孩子面对的各种压力和他们的认知能力无法匹配，更容易受到各种不良影响，从而引发各种心理问题。在独立意识支配下，他们往往选择封闭自己，不想沟通；或者沟通了却没有得到理解和帮助。这些问题可能导致孩子经历自我怀疑和自我否定，分散注意力，影响他们对学习的投入程度，导致他们在学习中表现不佳。很多心理问题的源头也可能在于学习。

心理问题就像感冒发烧一样，每个人都可能遇到。有的家长对心理问题存在不正确的认知，可能过分轻视："有什么可焦虑的啊，杞人忧天！"或者过分夸大："听说他抑郁了，你别和他在一起玩儿。"这些态度会导致孩子不敢主动寻求帮助，失去获得正确引导的机会，导致更为严重的心理问题。

生病了，就要积极治疗。对于孩子的心理问题，家长不要害怕、躲避，要积极面对，了解孩子心理问题的状况。对于一般的心理问题，可以帮助孩子尽快调整。如果孩子的症状严重或持续时间长，则一定不要讳疾忌医，应及时带孩子向专业人士求助，以免造成不可挽回的后果。

（二）学习动机：从"要我学"到"我要学"

1. 内部的、长远的学习动机逐渐增强

随着自我意识的发展、规划能力的增强，中学阶段的孩子越来越意识到学习是自己的事情，学习是为了长远的发展，形成"我要学"的观念，如"学习是为了考上好大学""学习是为了实现自己的梦想"。这种发自内心的学习动机使孩子愿意主动投入更长时间学习，主动寻找适合自己的学习方法，不断提高自己的学习效率。他们也更能感受到努力学习过程中获得的愉悦感、成就感和满足感。这些积极的体验又会激励孩子对学习更加执着、热忱，并且不畏困难。

根据马斯洛的需要层次理论，人类的需要由低到高分为五个层次（见图3-5）。学前阶段和小学阶段的孩子努力学习更可能为了满足生理、安全、归属与爱的需要，如为了得到老师的奖励和表扬而认真上课，为了让妈妈带自己去游乐场而努力取得好成绩。而中学阶段的孩子往往为了满足尊重的需要和自我实现的需要而努力学习。

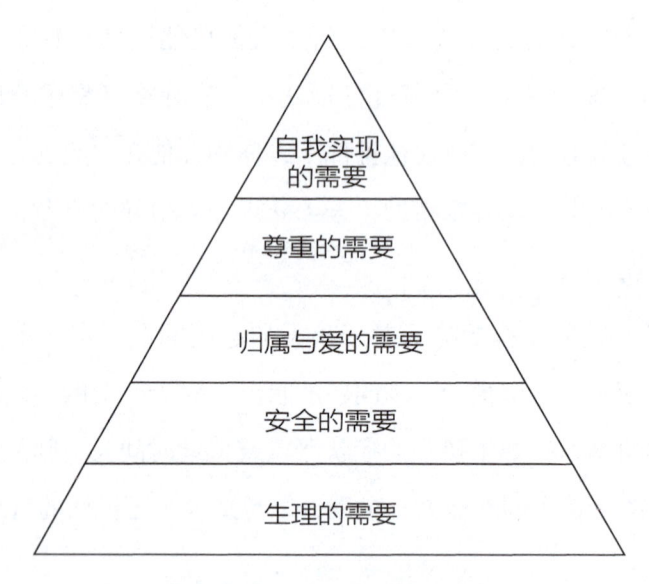

```
        自我实现
         的需要
        ─────────
         尊重的需要
        ─────────
        归属与爱的需要
        ─────────
         安全的需要
        ─────────
         生理的需要
```

图3-5　马斯洛的需要层次理论

随着中学阶段孩子自我意识的发展，他们有了"我是大人了"的认识，这让他们渴望获得别人的尊重和认可，希望得到父母、老师的称赞和同学的钦佩，尤其在学习方面。中学阶段的孩子比较关注自我发展，他们愿意通过学习实现自己的价值，挖掘自己的潜能，愿意为了自己的理想和更好的自我而努力学习。

众多研究表明，家长的期望对孩子的学习有重要影响。当家长深信孩子能学会、学好并及时肯定孩子在学习上的进步，引导孩子感受学习新知识的满足感时，孩子更容易喜欢学习，学习的动力更强。倘若家长总是怀疑、质疑孩子的学习能力，认为孩子无论怎么努力结果都一样，总是将自己的意愿强加在孩子身上，孩子就容易对学习产生反感和抵触。

因此，家长要对中学阶段的孩子进行合理引导和全面评价，不能仅仅以成绩好坏等功利的标准来衡量孩子的学习行为，否则就会增加孩子的焦虑情绪，使孩子产生精神压力，从而削弱学习动机。

2. 与追求成功相比，回避失败的倾向明显

追求成功和回避失败也是中学生普遍存在的两种学习动机。追求成功动机高的孩子愿意做自己认为重要的、有价值的工作，并努力争取成功。而回避失败动机高的孩子则会努力避免失败。回避失败的目的是维护自我价值、希望得到别人的认可及获得赞赏。中学生对他人的评价比较敏感，为了维护表面的自尊，避免失败带来的挫败感，中学生回避失败这一学习动机明显。

中学生回避失败的常见表现有：故意缺课或迟到；上课不听讲；课堂上低着头或匆匆忙忙记笔记，希望不被老师打扰或注意，从而避免被提问；考试前先声称没做好准备等。在课堂上，中学生不再像小学生那样积极地抢着回答老师的提问，甚至没有人愿意举手主动回答老师的提问。这是由于中学生害怕自己回答错了，别人会认为自己不够聪明、"笨"，觉得这是一件很丢脸的事情。回避失败的孩子往往选择过于容易或过于困难的任务。选择容易的任务可以保证成功，减轻了失败的威胁；选择困难的任务则为失败找好了借口：不是我不行，而是任务太难。

过分追求完美、成绩优秀的孩子更容易出现回避失败的倾向。因为他们学习成绩一直很好，所以可能渐渐地认为学习"只许成功、不许失败"。当他们认为自己无法取得预期的成绩时，就会表现出过度紧张，为可能出现的失败寻找各种借口，以保持自己的"不败纪录"。

另外，学习成绩不好的孩子也容易出现回避失败的倾向。他们在学习上经常遇到失败，为了减少挫败感，就会尽量回避参与与学习有关的各种活动，表现得对学习很不在意。其实他们并不像表现出来的那样对学习毫不在意，只是想维护表面的自尊，证明"我学习不好是因为我不努力，而不是我不聪明"。

（三）学习方法：自主学习和学习反思

在中学阶段，成绩不好已经不仅仅是努力的问题了。知识的机械性学习对成绩不再具有决定作用。提高自主学习能力，学会进行学习反思，才是决定孩子中学阶段学习成效的重要因素。

由于认知能力的不断发展，中学生可以掌握和使用更多、更复杂的学习方法。一般来说，学习方法可以分为三类，分别是认知策略、元认知策略和资源管理策略。

以元认知策略为例，它是个人对认知活动的自我意识和自我调节、控制。与小学生相比，中学生能很好地反思、控制自己的认知过程，能够在发现问题时及时进行调节，从而使学习方法更灵活、学习效果更好。中学生要学习的学科更多，学习内容更复杂，孩子需要对学习过程进行较多的计划、监控和调节才能顺利地完成学习任务，才能提高学习效果和学习质量。一般来说，中学生先是认识到自己当前的任务，制订学习计划，然后在执行计划的过程中随时关注计划的实施状况，出现问题及时调整。在计划完成之后，反思自己的学习活动，根据监控和反思的结果进行调整和补救。这三方面相互结合，共同促进中学生的学习活动。

学习反思就是对学习过程的重新认识。例如，家长经常问孩子："今天学的内容都会了吗？"这就是在督促孩子对一天的学习进行总结和反思，查看是否还有没弄懂、需要继续学的地方。通过总结和梳理，孩子能够掌握一类问题的基本规律，学到解决问题的思维方法，做到"举一反三"，最终实现"会学习"。善于反思和总结规律，最直接的表现和成效就是孩子可以不用再搞"题海战术"。

在中学阶段，家长应多引导孩子在自主学习的过程中进行学习反思。例如，指导孩子对学习计划的执行情况进行反思，看看是否完成了计划，计划执行过程中存在哪些问题，应如何改进；引导孩子反思采用的学习方法是否有效，能否运用"理解记忆法""关键词提示法""分层记忆法"等记忆的方法，会不会用"康奈尔笔记法"做笔记；还可以帮助孩子用好错题本，做好对学习结果的总结和反思。

二、中学阶段孩子的重点学习任务

（一）做好学习适应准备

学习适应是初中入学适应的核心任务。升入初中后，学业在孩子生活中的比重越来越大，对孩子的挑战也更大。如果学习适应出现问题，就会直接影响其他方面的适应，影响孩子的心理健康与全面发展。

开学之初，家长在帮孩子准备初中的生活、学习等物品的同时，也要帮孩子了解初中学习的特点，尤其是和小学学习有哪些不同，让孩子从心理上做好学习适应准备，如表3-4所示。

表3-4　小学与初中学习的主要差异及可能导致的学习适应问题

小学	初中	学习的主要差异	可能导致的学习适应问题
主要学习语文、数学、英语、科学、道德与法治、音乐、美术、体育等；每节课40分钟左右，每天5~6节课	主要学习语文、数学、英语、历史、地理、道德与法治、物理、化学、美术、音乐、体育等；每节课45分钟左右，每天7~8节课	学科数量翻倍，学习时间延长	学习内容、时间、作业都相应增加，很容易偏科，不爱写作业
知识点都是普通常识性内容，简单易学，侧重于打基础；同一个知识点会用多节课、多种方法多次巩固	各学科知识相对完整、系统；每堂课几乎都有新的知识，新的概念和方法大幅增加，练习和巩固的时间相对减少	知识量增加，学习难度加大	知识体系建立不起来，听不懂，学不会，感到力不从心，跟不上节奏
知识点往往是直观、感性和形象的，如数学主要是数字的四则运算，经常借助实物教具	反映客观事物的规律性与知识的严密性、逻辑性越来越强，对孩子的逻辑思维和抽象思维要求更高，要理解知识再加以运用。如代数、几何需要运用大量的逻辑思维，语文更强调对文章内容、写作手法等的分析和概括	思维方式从形象思维过渡到抽象思维，更加注重对知识的理解	思维方式如果还停留在小学阶段，就容易听不懂教师的讲解；缺乏抽象思维就很难应对难度增大的学科学习，尤其是数学、物理、化学等理科
很多时候都由教师领着、看着，教师要求做什么，学生就做什么	课程增加，要求学生自己掌握课后时间，主动思考、系统巩固，及时调整自己的学习方法，这样才能学得好、学得快，变"被动"学习为"主动"学习	学习的自主性增强，由"要我学"到"我要学"	缺乏自主性的孩子往往不能很好地安排自己的学习，导致学习没有计划，也没有目标和方向
多采用"快乐学习"，更关注学习过程，考试相对较少，且大多数学生都能取得较好的成绩	大多数学生有中考的"航标"，追求好成绩的目标更为明确；考试增多，学科之间差异明显，有的孩子会有严重的偏科，导致总分不理想	应试性增强，学科之间成绩差异大	如果对知识掌握得不牢，考试成绩不理想，就容易考前紧张，在考场上不能正常发挥，从而越来越害怕、逃避考试和学习

中学生良好的学习适应表现在三个方面：首先，有积极的学习态度和学习期望，愿意学习、主动学习，希望自己能够取得好成绩，具有恰当的长期和短期学习目标。其次，有良好的学习习惯，能够准时到校，专心听讲，主动按时完成作业，懂得预习、复习等是必要的学习环节。良好的学习习惯是学习适应的基础，大部分孩子在升入初中时已基本具备。最后，掌握适合中学的学习方法。这也是很多孩子难以适应的地方，对孩子的挑战很大，尤其是制订计划、管理时间、听讲、记笔记、复习、查找资料、劳逸结合等。有研究表明，到了七年级上学期末，70%~80%的孩子可以通过自身努力和外界帮助适应初中的学习，但仍然有20%~30%的孩子会出现适应不良的情况。

中学生学习适应不良通常有这样几种表现：不喜欢学习，经常对学习提不起精神，常有烦躁、郁闷等消极情绪；学习习惯不良，迟到、早退、经常请假甚至无故旷课，上课不专心，不听老师指令，不交或迟交作业；学习方法不当，有些孩子一味苦学却不得法，晚上学习过晚，白天精神不好；学习效果不佳，对所学知识掌握程度差，无法正确解决基础性问题，作业和小测验错误多，学习成绩下滑。

学习适应不良很容易让孩子产生挫败感，从而厌恶学习、否定自己，甚至引起其他方面的问题。家长可以从以下方面帮助孩子实现学习适应。

（1）家长应当合理期待，为孩子留出学习适应的时间和空间。与小学相比，中学学习难度增加，大部分孩子的学习成绩会比小学时有所下降，家长需要调整心态。家长要在了解中学学习特点的基础上对孩子抱有合理期待，尊重孩子适应全新生活的需求，允许他们在第一个学期自己去探索新的学习阶段，允许成绩波动。多关注孩子的情绪和行为，及时发现孩子学习适应不良的问题，在孩子出现负面情绪时给予心理上的支持，帮助孩子找到自己的定位，以积极的心态面对中学的学习。

（2）家长可以适当指导，培养孩子自主学习的意识和习惯。学习适应阶段的重点是帮助孩子尽快形成自主学习的习惯。家长可以放手让孩子对自己的学习进行管理，做好监控和指导就好。建议孩子规划好学习时间，如每天放学后、周末、节假日、寒暑假等，并结合学科及学习的主次关系，灵活调整学习计划和学习时间，做好课前预习、课后复习等。如果孩子不知道如何制订学习计划，或者制订的计划不够合理，家长就要及时为他们提供指导和帮助。

（3）家长还可以培养孩子对学科的兴趣，鼓励孩子探索合适的学习方式和方法。中学学科繁多，孩子难免会有不喜欢的，很容易偏科。为了防患于未然，家长要经常有意识地培养孩子的学科兴趣，如给孩子看一些与历史、政治相关的纪录片，还可以和孩子聊聊社会时事、历史事件、科普常识等，听孩子讲讲他的想法和见解，让孩子获得学习的成就感。针对不同学科的特点，鼓励孩子探索适合自己且有效的学习方法，如用思维导图及时整理需要记忆的知识，晚上入睡前将一天的课程"过过电影"，等等。

（二）应对学习压力

与小学阶段相比，孩子进入中学后学习压力明显增大，他们感到"很累""焦虑"的频率明显增加。在中学阶段，学习压力成为孩子最主要的压力源。

学习压力是孩子在学习过程中感受到的外部压力和自身心理负担。进入中学，孩子的学习环境发生巨大变化，学科增多、学习内容增加、学习难度增大，还面临着每周、每月、每学期的考试压力及升学压力。加之处于青春期，孩子的情绪和自我评价都不稳定，害怕学习不好被家长批评，认为学习不好在同学中没有面子，担心考不上好高中影响未来的出路等。心理负担过重让孩子更容易感到因学习困难而产生的压力。

学习压力是一把"双刃剑"，对孩子学习的影响具有两面性。适度的学习压力对孩子的学习有积极的促进作用，因为适度的压力能更好地提升个体的认知状态，提高大脑的活跃程度，可以让孩子在学习过程中保持专注，思维更加敏捷，精力更加充沛。但过大的学习压力会使孩子产生生理上的不适和心理上的困扰，阻碍孩子的学习。有的孩子在遇到疑难问题无法解决或经历考试失败等学习挫折时，常常感到自己对学习无能为力，认定自己不擅长学习，自暴自弃，产生"我根本就不是学习的料"的悲观想法。

家长额外增加的学习任务和过高的期望给孩子带来的心理压力，是加剧中学阶段孩子学习压力的重要原因。随着多年的教育"减负"，孩子在学校的学习压力有了一定程度的下降，但是一些家长担心学校布置的学习任务不够，在此基础上给孩子增加学习任务，如给孩子买很多参考书，布置额外的作业，工作日晚上或周末、假期送孩子去校外培训机构等。还有些家长对孩子的期望过高，对成绩过度关心，在孩子的成绩出现波动时进行批评和无休止地说教……这些做法增加了孩子的学习内容，提高了学习难度，延长了学习时间，牺牲了孩子合理的休息和娱乐时间，孩子就像戴上了"紧箍咒"，主动学习的积极性很可能受挫。

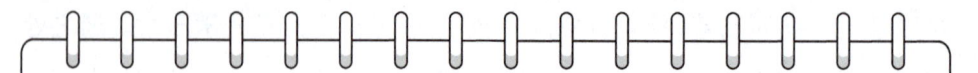

知识库

家长的过高期望带给孩子学习压力

根据中国教育追踪调查项目统计，目前我国义务教育阶段学生家长中有42.2%希望子女能取得硕士及以上学历，有53.5%希望子女能取得本科学历，两者合计95.7%。只有31.4%的家长表示能接受子女在初中毕业后分流去职业学校。

家长对子女教育的较高期望和焦虑，直接转化成对子女学习的要求和校外培训的压力。2021年春季学期，有48.1%的小学生和初中生参加过学科类校外培训，有50.8%的小学生和初中生参加过非学科类校外培训或请过家教。从小学到初中，随着年级的增长，学生参加学科类校外培训的比率持续提高。小学一到六年级学生参加学科类校外培训的比率分别为33.3%、41.6%、43.9%、49.6%、49.7%和51.8%；初中生参加学科类校外培训的比率都超过了一半，七到九年级分别为54.6%、55.4%、56.6%。这些学生平均每周花费4小时参加学科类校外培训。

随着"双减"政策全面贯彻落实，2021年秋季学期学生参加学科类校外培训的比率为21.7%，比春季学期下降了26.4个百分点，平均每周花费5.4小时，比春季学期增加了1.4小时；参加非学科类校外培训的比率为38.9%，与春季学期相比下降了10.9个百分点，平均每周花费3.8小时，比春季学期减少了0.1小时。

家长要关注孩子在中学阶段的学习压力，当孩子压力过大时，要给予更多的心理支持，给孩子减压、"松绑"；引导孩子客观地自我评价，正视自己的优势和不足，用发展的眼光看待学习成绩的变化，不要跟别的孩子比，超越自己就是成功；当孩子因为成绩下降而压力过大时，引导孩子正确地归因，既肯定孩子的努力，也不否定偶然因素的作用，坦然面对学习中的挫折。当然，如果发现孩子不把学习当回事，完全没有学习压力，家长也要分析是因为孩子"学不会"才放弃学习，还是缺乏学习动机。如果缺乏学习动机，家长就可以适当地用物质或精神奖励激发孩子对学习的兴趣。

当然，家长也要时常反思自己的教育价值观和对孩子的期望，换位思考孩子的学习压力，多一些平常心，不要只盯着学习和分数，要多关心孩子的兴趣和品格的培养。孩子乐观的个性和积极的生活态度胜过一张漂亮的成绩单。

（三）应对考试焦虑

中学与小学很明显的区别就是考试变多了。无论是周测、月考，还是期中考试、期末考试，考试从频率、难度、内容、时长方面都比小学的要求更多。面对考试时存在一定程度的紧张或焦虑是正常现象，也是必要的。适度的紧张可以增强学习的积极性和自觉性，提高学习专注力和反应速度等。如果不把考试当回事，考试前漫不经心，反而不利于考试的准备和发挥。但这并不意味着考试焦虑的水平越高，学习效率就越高，学习成绩就越好。研究发现，过高或过低的焦虑水平都不利于考出好成绩。研究者发现，中度的焦虑水平有利于在难度不大的考试中取得好成绩，而低度的焦虑水平则有助于在难度大、要求高的考试中取得好成绩。

家长对孩子的期望和对考试成绩的态度会影响孩子的考试焦虑。过高的期望、对成绩下降的严厉批评或责骂，都会提高孩子的考试焦虑水平，打击孩子对学习的信心。

2021年，我国开始实施"双减"政策，义务教育阶段采取等级评价形式,减少考试的频次,目的就是"弱化分数和排名,保护孩子自信心"。因此,家长要和孩子一起以"平常心"面对考试和分数。

考试不是学习的最终目的。科学的考试题目、合理的考试方式是为了检验孩子阶段性学习的成果,促进孩子及时复习巩固,反映孩子的综合素质和一个阶段内的学习问题。借助考试,家长可以了解孩子的学习情况,在每次测验及期中、期末考试之后提醒孩子做好复盘和总结,查漏补缺,更好地帮助孩子改进。

家长应该重视考试,更应该理性地看待结果,不要给孩子造成心理负担。因为影响考试成绩的因素是多方面的,如孩子对知识的掌握程度、考试时的身体和精神状态、考试的环境,甚至还有运气因素。家长要认识到这些不可控因素,明确告诉孩子,父母对他的爱不被考试结果左右,无论成绩如何,都不能轻易消沉,甚至伤害自己的身体。

家长还要动态地看待考试结果。像我们在工作单位的考核一样,成绩总是有高有低、时进时退。孩子以后会经历中考、高考等众多考验,一定要用长远的眼光看待孩子一生的发展,不能只看到眼前的考试成绩。毕竟,考试结果不能完全体现孩子所有的能力,更不能决定孩子的未来。

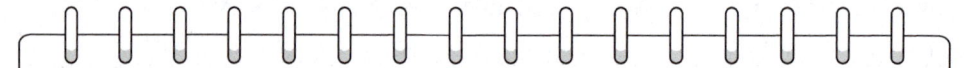

知识库

如何帮孩子选择并利用好参考书

有家长说,孩子就要中考了,我看到市面上有那么多参考书,觉得这本也很好,那本也不错,总想都给孩子买回家。让孩子多做一些题,总没坏处吧?

许多家长和孩子都以为多做题有益无害。其实，买很多参考书、搞"题海战术"对孩子不一定有帮助。做适量的练习题能帮孩子巩固知识点，灵活运用知识。但是，无休止地做题、忽视基础知识则会导致知识体系杂乱，影响孩子对知识的梳理和总结，并且做题太多会加重孩子的负担，引起疲劳。因此，不建议家长给孩子买太多参考书。

那么，如何帮孩子选择参考书呢？老师在教学上比家长有经验，因此尽量选择老师推荐的参考书，再根据孩子的实际情况选择一本到两本难度适宜的参考书。选择的时候可以请老师帮忙推荐。

在利用参考书时，必须把参考书与课本结合起来。有的孩子看到参考书讲得比课本还明白、透彻，就只看参考书而不看课本了，这种做法是错误的。家长要提醒孩子，课本是"本"，参考书是围绕着课本讲解的，根据参考书的提示回归课本，才能明白知识的来龙去脉，不偏离根本。对于好的参考书，可以让孩子反复做两三遍，甚至四遍。做第一遍的时候把所有题目都做一遍，标注其中的重点和难点题目；做后面几遍的时候只做重点和难点题目，其他题目可以不看；最后一遍作为系统回顾。

（四）职业生涯规划

职业生涯规划是个人在综合分析和权衡自身主观条件和内外环境的基础上，对未来要从事的职业和工作目标所做的系统的、合理的计划和安排。

中学阶段的孩子处于自我认知发展的关键时期，他们开始思考自己的人生意义，确定人生目标。未来上怎样的学校、学习什么专业、选择什么样的职业是他们思考的重要内容，他们希望了解自己的优势和不足，明确自己未来想成为一个怎样的人。而深入了解自己、锚定未来发展目标，能够更好地帮助孩子理解中学学习的意义，增强学习动机和学习抗挫力，使他们主动探索提升学业水平的方式方法，从而取得更好的学习成果。因此，在中学阶段及早进行职业生涯规划十分重要，家长可以在孩子上初中之后就有意识地和孩子一起探讨职业生涯规划问题。

知识库

舒伯的职业生涯发展五阶段理论

美国著名的职业生涯规划专家舒伯从个体终身发展的角度出发，提出了职业生涯发展五阶段理论。他指出，个体的职业生涯发展是一个连续不断的过程，可以分为以下五个阶段。

第一，成长阶段（0~14岁）。这个阶段属于认知阶段。这个阶段的发展任务是以各种不同的方式表达自己的需求，通过在现实世界中不断地尝试来扩充、修正对自己的认识，同时了解工作的意义，培养对工作世界的正确态度。

这个阶段又细分为三个时期：幻想期（0~10岁），尝试各种不同的体验；兴趣期（11~12岁），形成自己的兴趣爱好和自我认识；能力期（13~14岁），了解工作的含义和意义，了解自身独特的能力，并将其作为选择职业的主要依据。

第二，探索阶段（15~24岁）。这个阶段属于职业认同阶段。青少年通过各类校内外活动及职业体验等机会，对自己的能力及角色、工作世界做进一步探索。这个阶段的发展任务是认知并接受职业选择的信息，同时获得有关资料；了解个人兴趣和能力及其与工作机会的关系；认清与个人能力和兴趣相一致的工作领域；接受训练以培养技能，为就业做准备，或从事能体现个人兴趣与能力的职业。此时职业偏好逐渐具体化、特定化，并且初步实现职业目标。

这个阶段也细分为三个时期：试探期（15~17岁），进行初步、简单的职业选择；转变期（18~21岁），开始害怕工作带来的压力；尝试期（22~24岁），积极主动地探索真正适合自己的职业，面对工作上可能出现的挫折。

第三，确立阶段（25~44岁）。这个阶段属于选择和安置阶段。这个阶段工作者的角色占很大比重，是大多数人工作生命周期的核心部分。这个阶段的发展任务是经过早期的试探与尝试，从经验或训练中获得足够的工作能力；强化和改善职业地位，最终确定稳定职业，力求上进和获得晋升。

第四，维持阶段（45~64岁）。这个阶段属于升迁和专精阶段。此时的事业发展已经达到顶峰，休闲者和公民的角色越来越明显并逐渐变得重要。这个阶段的发展任务是通过在职进修或在职培训维持已有的成就与地位。

第五，衰退阶段（65岁及以上）。这个阶段属于退休阶段。由于生理及心理机能日渐衰退，个体不得不面对现实，从积极参与到逐渐退隐，在家庭事务方面投入更多的时间，休闲者和家长的角色最为突出。

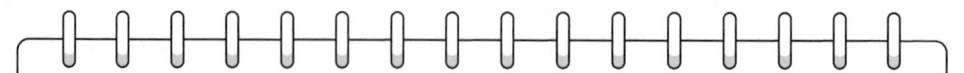

> 这个阶段的发展任务是适应退休生活；发展新角色，寻求不同的方式替代和满足需求。
>
> 舒伯的职业生涯发展五阶段理论是当前广泛应用的职业规划理论，对个体的职业生涯探索和发展有重要的指导意义。按照舒伯的理论，中学生处于成长阶段的末期和探索阶段的初期，这是职业生涯教育的关键期。

职业生涯规划以孩子对自身和职业有所了解为基础。一方面，家长可以让孩子思考一下自己的兴趣（喜欢做什么）、性格（适合做什么）、能力（擅长做什么）和价值观（应该做什么），或者和孩子一起做个专业的心理测试，尽可能全面、清晰地了解自己。另一方面，家长可以帮助孩子了解职业的类型和要求，如可以在互联网上、职业生涯辅导课或心理健康课老师那里找到"霍兰德职业兴趣测试"问卷，根据测试结果初步判断孩子适合从事的领域和职业。

合理、有效的职业规划能够帮助孩子树立"跳一跳，够得着"的短期目标和切合实际的长期目标，激励孩子增强学习、品德和身心健康等各方面的内在动机，有助于孩子的全面发展。

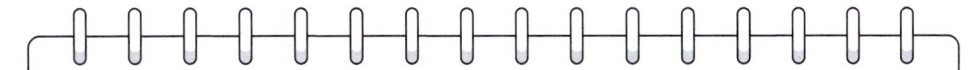

知识库

霍兰德职业兴趣测试

霍兰德职业兴趣测试出自美国著名职业指导专家霍兰德，他认为，人的职业兴趣可分为现实型（R）、研究型（I）、艺术型（A）、社会型（S）、企业型（E）和常规型（C）六种类型。

现实型（R）：这类人的基本倾向是喜欢以物、机械、动物、工作等为对象，从事有规则的、明确的、有序的、系统的活动。因此，这类人偏好以机械和物为对象的技能性和技术性职业，为了胜任，他们需要具备与机械、电气技术等有关的能力。他们的性格往往是顺应、具体、朴实的，比较缺乏社交能力。

研究型（I）：这类人的基本倾向是分析型的、智慧的、有探究心的和内省的，喜欢根据观察而对物理的、生物的、文化的现象进行抽象的、有创造性的研究活动。因此，这类人偏好智力的、抽象的、分析的、独立的、带有研究性质的职业，如科学家、医生、工程师等。

艺术型（A）：这类人的基本倾向是富有想象力、冲动、依靠直觉、无秩序、情绪化、理想化、有创意、不重实际等，他们喜欢艺术性的职业环境，也具备语言、美术、音乐、演艺等方面的艺术能力，擅长以形态和语言来创作艺术作品，而对于事务性的工作则难以胜任。文学创作、音乐、美术、演艺等职业特别适合他们。

社会型（S）：这类人的基本倾向是合作、友善、助人、负责、圆滑、善于社交、善解人意等。他们喜欢社会交往，关心社会问题，具有教育能力和人际关系方面的能力。这类人适合从事以与人接触为核心的社会服务型的工作，典型职业有教师、公务员、咨询员、社会工作者等。

企业型（E）：这类人的基本倾向是喜欢冒险、精力充沛、善于社交、自信心强。他们强烈关注目标，喜欢从事为获得利益而操纵、驱动他人的活动。由于具备优秀的管理能力和说服他人的能力，这类人特别适合从事领导工作或与企业经营管理有关的职业。

常规型（C）：这类人的基本倾向是顺从、谨慎、保守、实际、稳重、有效率、善于自我控制。他们喜欢从事记录、整理档案资料、操作办公设备、处理数据资料等有系统、有条理的活动，具备文书、算术等能力。适合他们的典型职业包括事务员、会计师、银行职员等。

第四章
唤醒孩子的学习动机

　　学习动机是孩子求知乐学、自我完善的内在力量，能促进孩子形成坚持、乐观、耐挫等积极心理品质，让他们在学习中保持好奇、探索、轻松、满足的状态，对提高学习效率具有持久的促进作用。只有真正激发出孩子对学习的内在动机，才能让孩子对学习产生永恒的热爱。

　　本章主要介绍了学习动机的不同类型、来源，阐释成长型思维和学习自我效能感与学业发展的关系，并且从如何让孩子对学习抱有持续的兴趣及如何培养成长型思维和学习自我效能感入手，让家长掌握唤醒孩子学习动机的钥匙。

观点提要

（1）相对于"要我学"的外部学习动机，"我要学"的内部学习动机对学业发展的积极作用更大。

（2）学习动机受到自身和外部环境多种因素的影响，中等强度的学习动机最有利于孩子的学习和心理健康。

（3）让孩子体会到学习的乐趣比考试成绩更重要。设立合理的学习目标、自主掌控学习，以及平衡兴趣爱好与学习，能够让孩子感受学习的乐趣，获得成就感，从而激发学习动机，促进孩子健康成长。

（4）成长型思维能够帮助孩子积极地面对困难和挑战，相信自己的潜力，对学习充满热情和信心。家长的思维观念、语言反馈、评价方式，以及孩子自身对成功和失败的体验、个人情感认知等都会影响成长型思维的养成。

（5）学习自我效能感能够激发孩子的内部学习动机，促进学业发展。为孩子创造体验成功的机会，正确对待自我评价和他人评价，磨炼战胜挫折的意志，可以帮助孩子提升学习自我效能感。

第一节

学习动机从哪里来

> **家长困惑**
>
> 女儿上四年级了，成绩一般，学习动力也一般。每次问她将来想做什么，她就说想当"网红"，通过直播轻松赚钱，所以学一点知识就可以了，又不是要当科研人才。我觉得这种价值观不太对，起码在小学应该好好学点知识吧？但是又不知道怎么跟她沟通。

学习动机是让孩子学会学习的重要个体特质，简单来说就是孩子愿不愿意学习、爱不爱学习、对学习目的有什么样的认识。学习动机是直接推动学习行为的重要动力系统，对学习过程的顺利进行具有推动、导向和维持的作用。

一、外部学习动机与内部学习动机

学习动机可能由内部因素驱使，也可能受外部因素影响。有研究者根据动力的来源，将学习动机分为外部学习动机和内部学习动机（见表4-1）。

表4-1　学习动机的分类

学习动机类型		具体内容
外部学习动机	附属性动机	为了获得来自权威人士（通常是老师、家长）的赞许或认可而学习。学习目标主要指向学习成绩。例如，为了得到父母的表扬而学习；为了以后能赚很多钱而学习
	威信性动机	为了赢得好名次、自尊与地位而学习。学习目标不是指向学习任务本身，而是着眼于学习的外在利益，把学习成果看作赢得地位和自尊的基础。例如，为了获得好成绩、名列前茅而学习；为了获得同学的尊重而学习
内部学习动机	认知性动机	为了获取更多的知识信息，满足掌握知识和解决问题的需要而学习。它以好奇心和求知欲为基础，学习目标指向学习本身。例如，为了学习更多知识、充实自己而学习
	成就性动机	为了完成新奇的、有难度的任务，希望参与竞争并超越他人而学习。例如，为了获得解决难题的成就感而学习；为了未来获得成功而学习

外部学习动机是指"要我学"，学习的动力来源于外部，家长的鼓励、老师的表扬和奖励，以及分数与文凭等外在条件驱使孩子积极学习，包括附属性动机和威信性动机。

内部学习动机是指"我要学"，学习的动力来源于自己，兴趣、信念、理想、好胜心、求知欲、荣誉感、自我实现等内在心理因素推动孩子积极学习，包括认识性动机和成就性动机。

心理学家和教育学家都非常重视内部动机的作用，认为个体主动学习主要受到内部动机的驱使，内部动机对学习的积极作用是持久和稳定的，具有更强内部动机的孩子往往在学业成就、智力和意志力等方面都有更好的表现。当然，这并不否认外部动机对学习行为和学习效果存在一定的促进作用，尤其在孩子处于学前阶段及小学低年级阶段时。

有研究发现，内部动机和外部动机对学业成就的影响是交互存在的。总体来说，内部动机的效应大于外部动机。当内部动机增强时，外部动机对学业成就的作用就逐渐变弱，直至出现负面影响；只有当内部动机较弱时，外部动机才能产生积极作用。也就是说，当孩子已经具备较强的学习动机时，家长就不应再施加有关成绩和名次的外部奖励或竞争，因为此时激发孩子的外部动机很可能适得其反。

也有研究表明，外部奖励和刺激可能削弱孩子的内部动机，导致孩子减少学习投入，造成学业水平下降。尤其是中学阶段的孩子，一方面，随着自我实现需要的增强，他们的自我要求不断提高，内部动机逐步增强；另一方面，考试、排名和竞争压力等带给他们较强的外部动机，在双重压力之下，孩子可能遭受身心的伤害，此时额外的外部动机会对他们的学习成就和情绪状态起到消极作用。

需要注意的是，家长有时频繁使用外部动机激励孩子学习，这可能起到即时效果，但不利于孩子内部动机的形成。要知道，学习动机不仅影响孩子当下的学习状态和学习效果，还影响孩子未来的发展。小学中高年级之后，随着学习难度增加，孩子需要投入更多的动力和意志力；随着自我意识的发展，他们对"为什么要学习"的思考更加深化，更多地从内部找答案，即"我"为什么要学习。如果家长不注意培养孩子的内部动机，一味用外部压力监督孩子学习，孩子就无暇思考这个问题。他们在进入中学、大学之后，需要更加自发、主动地学习，家长能插手的地方越来越少，这时学习动机就会对他们的学习和生活产生巨大影响。很多孩子在中小学阶段都是为了家长学、为了分数学，辛苦考入大学之后，外部压力突然消失，必须为了自己学，此时他们反而无法很好地适应这种自己完全掌控的学习模式，于是浪费时间玩耍、不约束自己的行为，或者学不得法。有些孩子可能想不明白自己为什么要学习、将来要干什么，从而彻底丧失学习动力，浑浑噩噩地"混"完大学。因此，家长要注意在小学中高年级之后就着重培养孩子的内部动机。

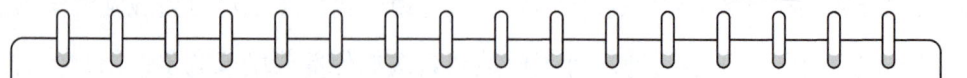

知识库

德西效应

一位老人来到一个小乡村休养,但附近住着一些十分顽皮的孩子,他们天天在老人住处附近追逐打闹,发出喧哗的吵闹声,使老人无法安静休息。老人左思右想,终于想出了好办法。他把孩子们都叫到一起,告诉他们他很喜欢孩子们的声音,所以他要表扬发出声音的孩子们,给他们一定金额的奖金,谁吵闹的声音越大,谁得到的奖金就越多。他会每天根据孩子们发出声音的情况给予不同的奖金。这样持续了一段时间,当孩子们已经习惯于吵吵闹闹然后获取一定数额的奖金的时候,老人开始逐渐减少所给的奖金,直至最后无论孩子们怎么吵,老人都不给孩子一分钱。

结果令人惊奇:这些孩子再也不到老人住所附近大声吵闹了。这是因为孩子们认为自己受到了不公正的待遇,自己本该获得的奖励被剥夺了,认为"不给钱了,谁还给你叫"。

这个故事说明了心理学中的一个非常重要的原理,即德西效应:在某些情况下,当外在报酬和内在报酬兼得的时候,人们的工作动机不但不会增强,反而会减弱。人们在从事一种愉快的活动时(内在报酬),如果提供外部的物质奖励(外在报酬),反而会降低这种活动对参与者的吸引力。

二、孩子学习动机的来源

家长其实能够体会到，自己工作的时候也有不同的动机。是工资、奖金、加班费用，是完成一个项目的成就感，是解决一个专业问题，是提升自己的工作能力，是避免失败之后被领导批评、无法得到晋升机会……不同的动机会让我们在工作时产生不同的体验，并且直接导致工作的重点不同。孩子也一样。孩子的学习动机也有多种来源，并且交互影响着孩子的学习状态和学业水平。

（一）好奇心和求知欲

好奇心是人们对新奇事物或新的外界环境进行探索的一种心理倾向，是推动人们积极观察世界、运用创造性思维的内部动因，是寻求知识的动力，也是创造性人才的重要特征。如果孩子从小就有旺盛的好奇心，他就具备了自己求知的动力，会自发地学习、探索，这会让孩子受益一生。越是积极探索世界的孩子，越是在日后表现出更加优秀的学习能力。

著名教育家苏霍姆林斯基说："求知欲、好奇心是人的永恒的、不可改变的特性。哪里没有求知欲，哪里便没有学校。孩子提出的问题越多，他在童年早期认识的周围的东西就越多，在学校中也越聪明，眼睛越明亮，记忆力越敏锐。要培养孩子的智力，你就得教他思考。"源于好奇心和求知欲的学习动机最纯粹、最强大，孩子天生就有好奇心和求知欲，想要接触世界、了解世界。家长一定要从小保护好孩子的好奇心和求知欲，使其转变为强大的内部学习动机。

（二）尊重和自我实现的需要

马斯洛的需要层次理论认为动机由多种不同性质的需要组成，人类的需要由低到高分为五个层次：生理的需要、安全的需要、归属与爱的需要、尊重的需要、自我实现的需要。学习动机也是由不同的需要组成的。对于中小学，尤其是中学阶段的孩子，获得尊重和自我实现是他们的核心需要。

中学阶段的孩子自我意识增强，渴望获得别人的尊重和认可，希望在学习方面得到父母、老师的称赞和同学的钦佩。同时，他们比较关注自我发展，愿意为了实现自己的理想和自我价值努力学习，不断提高学习能力和积累知识。当实现学习目标时，他们会获得成就感和满足感，进一步激发学习动机。

（三）对成绩的归因

每个孩子对学习好坏、成绩优劣都有自己的原因解释。这种对原因的解释会对孩子的学习动机、学习激情产生影响。

如果孩子认为学习成功或失败是自己的原因，而且是可以控制的，就是内部的、可控的归因。在这种情况下，孩子更加相信只要继续努力就能成功，会更加投入地学习，学习动力较强。

如果孩子认为学习成功或失败是自己不能控制的，就是不可控的归因。当孩子遇到失败时，会认为自己能力不够，无论怎么努力都没有用，或者认为成绩好坏与外部原因（如运气）相关。学习困难的孩子总是对学习提不起兴趣，就是因为屡战屡败让他们失去了学习的动力和斗志。

（四）回避失败的倾向

成就动机理论认为，成就动机由追求成功和回避失败这两种稳定的倾向组成，有的人追求成功的倾向强一些，有的人回避失败的倾向强一些。

对中学阶段的孩子来说，回避失败的倾向更加明显。中学阶段的孩子把学习看作自身能力的一种重要体现，认为学习成绩不好就说明自己不够聪明。而且这个阶段的孩子比较敏感，非常在意别人的评价，因此为了维护自尊，避免失败带来的挫败感，很多孩子选择回避失败，选择过于容易或过于困难的学习任务。容易的任务可以确保成功，而困难的任务即使失败了也能找到借口——不是我不行，是任务太难。

成绩优秀、追求完美的孩子容易出现回避失败的倾向。因为他们学习成绩一直很好，所以渐渐地认为学习"只许成功、不许失败"，当他们认为自己无法取得预期的成绩时，就会表现出过度紧张，为可能出现的失败寻找各种借口，以保持自己的"不败纪录"。

成绩不好的孩子也容易出现回避失败的倾向。他们经常遇到学习失败，认为自己无论怎么做都会失败，为了减少挫败感，他们会尽量回避参与与学习有关的各种活动，表现得对学习很不在意。其实他们并不像表现出来的那样对学习毫不在意，他们只是想维护表面的自尊，证明"我学习不好是因为我不努力，而不是我不聪明"。

（五）对学习难度的评价

有研究表明，学习难度太高或太低都会减弱动机。具有一定挑战性的学习任务和学习目标更有助于激发孩子的内部学习动机。如果学习任务太难，孩子认为自己无法完成，轻易放弃努力，学习动机自然就减弱了；如果学习任务太容易，孩子一学就会，感到学会了不是因为自己优秀和努力，也会减弱学习动机。

总之，学习动机有多种影响因素，包括孩子自身的个体特征，孩子对学习的认知、对学习成功和失败的看法，孩子对自身能力的评估及对未来学习的信念等。当然，孩子对学习的信念和认知也受到许多外部因素的影响，如家长对孩子学习的期望、对孩子每天学习情况的反馈，以及老师对孩子的评价、同伴的影响等。孩子学习动机的来源是多方面的，影响学习动机的外部因素也很多，这同时说明孩子的学习动机是可以培养的，而唤醒孩子学习的内部动机，就是为孩子的学习点了一把火，可以照亮孩子未来的学习之路。

三、学习动机并非越强越好

许多家长认为孩子学习动机越强，学习成绩就越好，因此急于增加各种内外部的激励机制，以为这样可以促进孩子热爱学习。其实不然。

美国心理学家耶克斯和多德森通过研究证实，动机强度与工作效率之间的关系不是线性的，而是呈倒U形曲线的。当动机强度中等时，工作效率最高，最有利于完成任务。当动机强度过低时，个体缺乏参与活动的积极性，工作效率不可能提高；而当动机强度过高时，工作效率会随强度增加而不断下降，因为过强的动机可能使个体过度焦虑和紧张，对工作时的记忆、思维等活动产生干扰。

实验室

学习动机是否越强越好——布鲁纳的学习动机实验

一、实验目的

布鲁纳认为，只有当动机处于最佳强度时，学习行为才能取得较好的效果。动机的最佳强度是指动机既不能太高也不能太低的一种状态。布鲁纳通过下面的实验证明了他的观点。

二、实验过程

首先训练两组白鼠走迷宫。迷宫的正确走法是"左—右—左—右"，对两组白鼠同时进行训练。白鼠掌握了正确的走法之后，又进行了80次过度学习。训练之后，实验者通过白鼠的饥饿程度来考察动机的作用。两组白鼠中，一组白鼠被禁食36小时，另一组被禁食12小时。随后，把这两组白鼠学会走迷宫的行为迁移到另一种迷宫情境中去。这种迷宫的正确走法是"右—左—右—左"。实验结果显示，被禁食12小时的白鼠学走新迷宫的速度明显比学走第一个迷宫时快得多；而被禁食36小时的白鼠则学得比第一次还慢，呈负迁移。对此，布鲁纳的解释是，被禁食12小时的白鼠组是动机适中组，而被禁食36小时的白鼠组则是动机太强组。在动机太强的情况下，白鼠所习得的仅仅是达到目的的某种途径。因此，当出现新情况时，动机太强者无法借鉴先前习得的原理和方法。

在另一个相似的实验中，以人为被试进行研究。让两组学生在一般实验条件下再认迅速闪现的卡片。实验者首先让两组被试辨认迅速闪现的由三个英文单词组成的短语，然后分别对两组被试提出不同的要求。对第一组被试提出的要求是，在极短的时间内讲出一张复杂图片的详细细节。这是一项不可能完成的知觉再认任务。由于呈现时间极短，被试无法辨认，虽然竭尽全力，但成绩极糟。在整个实验过程中，这组被试一直处于十分紧张的状态，因此这组被试也称紧张组。另一组控制组的学生也在相同的时间内看了相同的图片，但主试对他们的要求简单得多，只要求他们评判这张图片的亮度。实验最后，主试再次让这两组被试完成另一项任务，再认形式上同最初再认的短语一样的其他短语。结果是，紧张组的被试没有任何进步，成绩依然很差，无法理解呈现的材料；而控制组的成绩却比开始时有了较大进步。

三、实验结果

过高的动机强度并不利于学习效率的提高。中等强度的动机似乎对学习具有最佳效果。动机强度与学习效率之间的关系大致呈倒U形曲线，如图4-1所示。

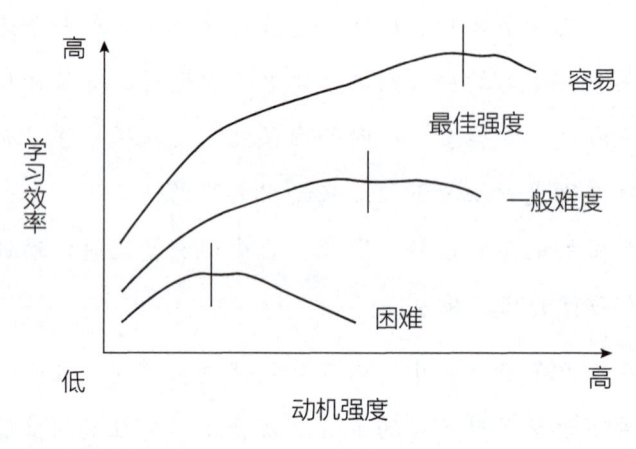

图4-1 任务难度、动机强度和学习效率的关系

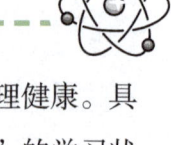

因此，中等强度的学习动机最有利于学习，也最有利于心理健康。具有中等强度学习动机的孩子能保持一种"紧张活泼、痛并快乐"的学习状态，学习任务能刺激他们的挑战欲和成就感，学习过程能让他们感受到努力和进步。他们在学习中的积极体验较多，消极体验也能很好地处理。

学习动机强度过低的孩子缺乏对学习的积极性，他们的主要精力往往不在学习上，认为学习是不重要的事情，在学习方面的投入较少，自然无法取得较好的学习效果。而学习动机强度过高的孩子看起来在学习上很勤奋，但是可能产生一些心理问题，如在长时间、高强度的努力得不到回报时，产生习得性无助；对考试结果过于焦虑，反而影响考试发挥；以成绩作为自我评价的唯一目标，受挫时往往不能接受，产生懊恼、自责、愤怒、挫败感等负面情绪，严重的甚至产生厌学心理。

第四章 唤醒孩子的学习动机

第二节

让孩子对学习产生兴趣

家长困惑

孩子越大，好像越不爱学习。我们当然也能理解，学习就是需要努力、有时还挺痛苦的事。现在孩子刚上初中，学业压力大，又苦又累，感觉他从学习中体验不到一丝快乐。有什么办法能让孩子重新对学习产生兴趣呢？

随着孩子进入小学中高年级和中学阶段，他们学习的劲头可能远不如小时候，状态越来越被动，家长越来越操心。绝大多数家长对此不会听之任之，可是自己苦口婆心地讲道理，耗时耗力地陪读，收效甚微。让孩子对学习产生兴趣，家长可以做什么呢？

一、体会到学习的乐趣比考试成绩更重要

从孩子踏入学校的那一刻起，几乎每位家长都期望自己的孩子热爱学习，成绩拔尖。事实却是，不少刚入学的孩子会表现出不喜欢学习。对刚刚从幼儿园升入小学的孩子来说，他们需要一个学习适应期，当学习遇

到困难和问题时,他们担心受到家长和老师的批评。如果此时家长引导不当,孩子就很容易对学习产生排斥、抵触的情绪,一开始就会觉得学习是不快乐的。因此,对刚入学的孩子来说,比起成绩的好坏,让孩子体会到学习的乐趣更重要。孩子对学习自身真正产生兴趣,才是孩子对学习的认知性动机,对孩子学习的激励作用是非常大的。

(一)在玩中学,让孩子发现学习是有趣的

爱玩是孩子的天性。在玩耍的时候,孩子往往能获得意外的收获,这些收获能够激发孩子求知的欲望,培养孩子探索世界的浓厚兴趣。

在上小学之前,孩子获取知识的途径大多是游戏。在上小学之后,学习的方式从自由探索变成了课堂教学,很多孩子非常不适应。有些家长在孩子上学后就掐断了孩子"玩"的念头,认为上学就得埋头苦学,时刻想把孩子摁在书桌前。其实,这种学习方式不符合低年级孩子的身心发展特点。家长可以尝试不同的学习方式,寓教于乐,把学习和游戏结合起来,让孩子体会到学习的乐趣。例如,可以玩"数学拼图"游戏,通过拼图解数学题;可以玩成语接龙或编故事的游戏,融入语文知识;可以让孩子观看经典纪录片,深入理解文学作品……这样孩子就不会觉得枯燥、无聊了。

对于高年级的孩子,家长可以让他们参加一些学校或社会机构组织的社会实践,如社会大课堂、夏令营、研学旅行、志愿活动等。根据孩子的年龄,选择一些精心设计和组织的集体活动,让孩子通过社会实践等活动"玩中学,学中悟"。这样可以培养孩子的自主意识和自理能力,锻炼他们的沟通能力及和同伴交往能力,丰富他们在校园之外、书本之外对知识的真实体验。通过在活动中应用知识解决问题、帮助他人,孩子能够体会学习的快乐和意义。

（二）将知识与生活联系起来，让孩子发现学习是有用的

很多时候，孩子不愿意学习，是因为他们不知道为什么要学习，学了书本上的知识可以做什么。其实，任何书本知识都和现实密切相关。让孩子在真实生活中应用知识，可以帮助他们加深对知识的理解，强化对知识的记忆，真正掌握知识。

在日常生活中引导孩子利用学到的知识解决问题，当孩子意识到学习"真有用"的时候，就会更加重视学习，产生更强烈的学习动机。例如，在超市里，家长可以请孩子帮忙计算购物时的找零，算算哪种商品更优惠；让孩子观察植物的生长过程，记录植物的生长情况，并记录温度、湿度等环境因素；带孩子去博物馆参观展览，了解历史、文化和艺术等方面的知识，当孩子看到书本中的后母戊鼎、四羊方尊就在自己眼前时，能够感受到自己与历史建立了神奇的联系……

我们时时刻刻都会用到各种知识，只要留心观察，善于发现和创造一些活动，将知识与孩子的生活联系起来，就会让孩子深切感受到学习的价值。这非常有助于激发孩子的学习兴趣。

（三）适当表扬和鼓励，让孩子发现学习是有成就感的

每个孩子都希望得到认可和肯定，家长积极的评价不仅能够激发孩子的学习兴趣，还能让孩子的学习兴趣更持久。因此，家长不要只盯着孩子的学习，当孩子学习出现困难的时候，不要总是说"你们班别的同学怎么都能做对""一天到晚脑子里想什么呢，就知道玩""现在不好好学习，将来有你后悔的时候"……如果孩子每天耳边响起的都是这些"唠叨"，又怎么可能对学习产生兴趣呢？他们会觉得学习简直太痛苦了。

当孩子取得进步的时候，要及时表扬，而且要具体、真诚，针对孩子

的某种学习行为或成就。不要泛泛地说"你真棒",要指出孩子做得好的具体方面,如"你解题的方法很有创意"或"你这次演讲自信了很多"。

当孩子遇到困难时,要鼓励他们坚持并寻找解决方法,如"我看到你一直在努力解决这个问题,坚持下去总会有收获的"。在鼓励孩子的时候,应该强调他们的努力和进步,而不仅仅是考试结果。定期与孩子回顾他们的学习历程,指出他们在哪些方面取得了进步。

当孩子取得某些成就时,可以和孩子分享你的骄傲和喜悦,还可以在家庭、朋友或社交媒体上公开表扬孩子的成就,让他们感受到被重视和认可。

二、设立合理的学习目标对学习很重要

目标是孩子想要努力达到的成绩标准或结果。学习目标有很多,如解出一道难题、考出理想的分数、考上自己心仪的学校、达到某种标准……学习目标或大或小、不尽相同,但都能在漫漫学习之路上为孩子提供前进的动力和方向。

有了目标,孩子就知道了做一件事的预期结果,能明确自己努力的方向。在学习过程中,孩子难免遇到一些困难,一道题不会做、一个概念暂时没有掌握、某次考试没考好。孩子面对这些困难,内心难免产生冲突,会考虑是否继续坚持。这时,之前设定的目标能帮助他们用意志克服这些困难,继续努力,并想办法寻求帮助,最终完成学习任务。

当孩子克服重重困难,达成了设定的目标时,如考试取得好成绩、作文获奖,他会体会到很大的满足感,兴高采烈、眉飞色舞,说不定还会大叫:"我棒极啦!"从而获得很大的信心。孩子在这些小目标上积累的自

信，也会促进后面大目标的达成。

"父母之爱子，则为之计深远。"目标是把双刃剑，合理的目标是孩子前进路上的踏脚石，而不恰当的目标则会变成孩子前进路上的绊脚石，甚至有可能是堵住前进之路的"大山"。一般来说，合理的目标具有以下四个特征。

（一）具体、可量化

目标要具体、可量化，这样孩子可以直观地了解目标有哪些要求，自己怎么做才能达成目标，怎么做达不成目标。例如，家长常说"好好写作业，不要浪费时间"，这个目标就不具体、不可量化，因为对"好好写作业"可以有很多种理解。孩子可能觉得"我坐在书桌前，没有去看电视"就是好好写作业了。孩子对"不要浪费时间"也有自己的理解，有时孩子眼睛对着书，但早已神游天外，认为"我一直坐在书桌前，游戏和手机都没玩，并没有浪费时间"。

模糊、笼统的目标可操作性差，而且孩子并不能预期什么样的行为可以达成目标，容易失去努力的动力。家长要从孩子的视角思考这个问题，用孩子可以理解的方式给出具体的目标。例如，家长可以和孩子一起商量，明确好好写作业的要求，如"晚上7点到8点是写作业的时间，要书写工整，错误不能超过3处"。相似地，"取得进步"是一个模糊的目标，量化的目标是"在下次考试中进步多少名"等。家长和孩子对具有可操作性的目标有一致认识，更有利于孩子达成目标。

> **实验室**
>
> **可量化目标的力量**
>
> **一、实验目的**
>
> 研究目标的可量化程度对目标达成情况的影响。
>
> **二、实验过程**
>
> 心理学家曾做过这样一组模拟实验：让3组实验对象分别沿着公路步行前往一个从未去过的村庄。第一组：实验者不告诉实验对象距离目的地有多远，只告诉他们跟着向导走。第二组：实验者只告诉实验对象距离目的地有50公里。第三组：实验者不仅告诉实验对象目的地的距离，还告诉他们路边每隔1公里就有一块里程碑。
>
> **三、实验结果**
>
> 第一组越走情绪越低落，绝大多数人都半途而废了；第二组走到路程的一半后开始抱怨，最后只有很少一部分人到达了终点；而第三组一直充满信心、精神饱满，绝大多数人走到了目的地。这个实验启示父母，在引导孩子克服困难时，可以帮助他们提出一个切实可行的目标，并把这样的目标具体化、可操作化，并坚持去做。这样可以帮助孩子较容易地达成目标。

（二）可以控制

目标要可以控制，是指达成目标最主要的因素是孩子自己，而不是其他因素。例如，在一次口算比赛中，"排前5名"目标的可控性比"最多错2题"要低。"排前5名"这个目标的决定因素除了孩子自身做题的情况，还有其他同学的做题情况。若全班10个同学都得了满分，而孩子仅错了1题，就排在第11名了。因此，"排前5名"这个目标就不可以控制。在口算比赛中，"最多错2题"是一个可以控制的目标，主要因素是孩子的运算能力、学习习惯和努力程度等，是可控的因素。同样，对于任何一次考试，要求孩子"要考到100分"的目标也是不可控的。因为题目可能简单，也可能难，老师的判卷标准也可能有变化。

家长可以要求"因粗心犯的错误比上次少一个"，孩子只要自己努力，就可以达成；或者"下次考试时字迹要清楚一些"，孩子通过目标分解，每天坚持练字，也可以达成。

（三）难度适中

目标的难度要适中。难度过高、过低的目标都不利于激发孩子的积极性。

如果目标难度过高，超出了孩子的能力范围，孩子会认为即使"拼命"也很难达成，或者只能"祈祷奇迹发生"。久而久之，目标的积极作用就消失了，反而挫伤了孩子学习的积极性。面对不合理的目标，总是不能完成，孩子容易怀疑自己的能力，失去自信。例如，孩子期中考试总分在班里处于中游，家长直接给孩子设定期末考试考到前5名的目标，这个目标难度就很高，不太合理，孩子很难完成。如果设定期末考试进步5名，就属于努力后有可能达成的目标，难度适中。此外，不符合孩子生理和心理特点的目标也不合理。低年级孩子生理发育的特点决定了他们的注意力集中时间只有15~20分钟，如果家长要求他们在书桌前认真学习1小时，那么孩子肯定很难做到。著名心理学家维果斯基提出了"最近发展区"的概念，他认为"最近发展区"是"儿童现有的独立解决问题的水平"和"通过成人或更有经验的同伴的帮助而能达到的潜在的发展水平"之间的区域。简单来说，就是孩子"踮起脚、跳一跳"能摘到的果子。

如果目标难度过低，就不能激励孩子努力学习，反而让孩子觉得"不需要努力就能达成目标，那没必要努力了"。当孩子总是能毫不费力地实现目标时，就容易变得自负。在设置目标时，要根据孩子自身的水平设置有一定挑战性的目标，这既向孩子传达了家长对他们的积极期望和信任，又让孩子明确了下个阶段奋斗的目标。例如，孩子学习能力比较强，只跟着学校的学习安排"吃不饱"，此时适当超前学习、增加题目难度能激励孩子不断探索、不断挑战。

（四）分阶段

长期目标和短期目标不同，需要相互协调。长期目标可能可操作性较弱，需要通过短期目标进行分解，逐一完成。家长根据孩子的实际情况，和孩子一起商量他想实现的长远学习目标，将其作为总目标。然后围绕总目标，和孩子商量，写出对应的短、中、长期3个阶段的目标，逐渐将目标分解、细化，增强可操作性。

根据短、中、长期3个阶段的目标，拟定详细的计划。引导孩子思考实现目标的途径和步骤，为孩子实现目标创造条件，帮助孩子制订详细的计划。例如，孩子现在的成绩在班里处于中游，长期目标是排进前10名，那么中期目标可定为期中考试进步5名，然后和孩子一起分析哪些科目提分的可能性大。如果是数学，那么短期目标可定为数学提高10分，再将目标具体化，如这周末先复习一遍数学，让孩子找到不太明白的地方，下周末逐个补习。

三、能自主掌控学习的孩子更热爱学习

孩子天生就是爱学习的。孩子自出生以来，就在观察世界的过程中

探索和模仿，自然而然学习了大量的本领，如坐、爬、走、找方向、说话等。对孩子来说，学习和呼吸一样自然。家长需要做的就是尽可能地为孩子提供帮助，让他们自己去尝试。

教育家蒙特梭利曾说："孩子对家长有一个基本的要求，那就是让我自己去做事！"但是这个要求常常被家长忽略。一位妈妈准备带孩子去买东西，她说："快过来，妈妈给你穿上鞋子……"孩子在幼儿园刚学会了系鞋带，想要在妈妈面前用用他的新本领："妈妈，我自己会系鞋带啦。"可是这位妈妈着急出门，一边说"好的，好的，我知道了"，一边飞快地把鞋带系上了。

孩子长大后，家长还是非常主动地"管理"孩子的生活起居和学习，不顾孩子的意愿，为孩子制订了长长的每日计划清单。孩子会觉得生活被家长操控，塞满了自己不喜欢的东西，失去了自己支配时间的自由和兴趣，因此，我们常常听到孩子对家长大吼："别管我！"若家长坚持控制孩子，孩子就会变得越来越被动，像一个巨婴一样，什么事情都听父母的安排和指示，认为自己没必要动脑子，甚至没有存在的价值。

家长可以回想一下：当孩子独立地做事情时，你有没有经常着急地打断他？有没有常常担心孩子弄坏东西，从而夺过孩子手中的物品？有没有认为孩子做事慢吞吞，太耽误时间，就匆忙帮他做了……每次这样的打断和替代，都剥夺了孩子学习的自由和渴望。孩子在家里学习东西越自由，将来在学校感到的压力就越小。相反，如果孩子在家里学习自己动手的机会越少，日后在学校感到的压力就越大，而且是不由自主的。换句话说，当你让孩子尽量自己动手时，就为孩子奠定了自主学习的重要基础。从系鞋带到完成家庭作业，让孩子自己去做，去探索。

每位家长都曾经是优秀的教育家。当孩子一岁左右学走路的时候，我们对孩子充满了信任，相信孩子一定能学会走路；让孩子自己尝试，从没对孩子说过"你什么都不用干，妈妈帮你走路"；在孩子练习走路的时候扶着他，直到他能独立行走；当孩子摔倒时，没有指责孩子"你怎么这么笨，连走路都学不会"，而是鼓励孩子"不要怕，再来试试"；在孩子学走路的过程中，想尽办法帮助孩子；耐心地陪伴孩子练习走路，突然有一天发现孩子会跑了。大部分家长没有教过孩子怎么跑，孩子自己就学会了！学习也是同样的道理，家长不应该奢求孩子在学习上能马上"跑起来"，而是要帮助孩子在学习上能够"独立地走起来"！

让孩子在学习上独立起来，允许孩子掌控学习，当孩子意识到学习是为了自己的成长和发展时，就会激发内在的学习动力。在自主学习的过程中，孩子可以锻炼自我管理、独立思考和解决问题的能力，更好地适应今后学习和工作中的挑战。让孩子承担自己的学习责任，他们会想办法提高学习效率，寻找适合自己的学习方法和策略，也能获得更多的成就感和自信心。当他们通过自己的努力取得进步和成果时，会感受到自己的能力和价值。

在孩子学习的过程中，家长可以给予必要的支持和引导、及时的反馈和肯定，帮助他们克服困难和挑战，但一定不要过度干预。有的家长会替孩子做作业、报名参加各种活动、安排好每天的行程、监督每项学习任务、干涉每种人际关系等。这样做看似"为了孩子好"，其实是极不负责任的表现。当家长事无巨细地替孩子安排好一切时，孩子就失去了自己思考、决策和行动的机会与空间。

四、平衡孩子的兴趣爱好与学习

学业和兴趣孰轻孰重，可能在家长和孩子心里有不同的答案。尤其对于中学阶段的孩子，他们在学校里需要应对越来越复杂的学业，面临升学压力，同时希望能坚持自己的兴趣爱好，但这两者之间的时间冲突、家长的不理解和不支持往往让孩子感到焦虑不安。

兴趣爱好多种多样，有的与学习相关，如阅读、英语、科学等，有的与学习关系不大，如踢足球、游泳、打鼓等。有些兴趣爱好可以帮助孩子获得高考加分，有些兴趣爱好是孩子未来职业选择的基础，甚至有些看起来"没什么用"的兴趣爱好可能是孩子未来人生中乐趣和快乐的源泉，如集邮、滑雪。

大多数家长都希望孩子的兴趣爱好与学习相关，其实与学习无关的兴趣爱好也值得坚持。从脑科学的角度来说，兴趣和学习不是相互排斥的，而是相互促进、相互补充的。多元智力理论认为，人的智力可以分为很多种，包括音乐智力、语言智力、逻辑-数学智力、空间智力、运动智力、人际智力和自我认知智力等。很多研究都表明，一种智力的发展能够带动其他智力的发展，各种智力相互促进，因此应该注重培养孩子多种智力全面发展。可见，兴趣爱好的合理发展对孩子的学业是有帮助的。而且，在兴趣爱好方面的优秀表现会让青春期的孩子更加自信，有更多机会接触有共同兴趣的同龄人，建立友谊，获得成就感。

家长看待孩子的兴趣和学业的关系时，眼光可以放长远一些，不能把能否促进学习当作培养兴趣爱好的唯一标准。对于一些"看似无用"的兴趣，应允许孩子有节制地继续追求，因为这些兴趣可以缓解学习压力，带来积极的情绪价值，甚至是未来职业的基础和生活的调剂。兴趣对孩子的当前学习和未来发展都是有好处的，即使在紧张的升学阶段，也不应该完全剥夺孩子的兴趣。

坚持兴趣爱好可以为孩子带来一些宝贵的"隐形价值"。当孩子真正对某件事感兴趣时，会全身心地投入，并且能够坚持不懈，就算没有时间也会挤出时间来做喜欢的事。这种坚韧的品质迁移到学习中，可以帮助孩子战胜学业上的困难。此外，在兴趣爱好发展的过程中，孩子的能力得到发展，个性更加完善，眼界也更开阔，对生活更加充满热情……

很多孩子从小就喜欢奥特曼，有些家长在孩子上小学之后就不让孩子玩了，生怕耽误孩子学习。但是有位妈妈不一样。孩子在三岁左右迷恋上奥特曼之后，一发不可收拾，妈妈并没有制止他，而是给了他一定的空间和支持，以及恰当的引导。如今，孩子到了小学中年级，依旧热爱奥特曼，相信"光"。不仅自己画奥特曼、动手制作模型，还通过互联网学会了定格动画、视频制作，自主规划时间的能力、信息搜索能力、同伴协作能力都增强了。孩子在兴趣中收获了专注、快乐，以及自主学习的能力。

还有一位考上清华大学生物系的学生，他的家长分享过孩子的故事：孩子从小喜欢爬行动物，尤其喜欢蛇。刚开始妈妈非常头痛，后来因势利导，带着孩子一起研究爬行动物，去动物园近距离观察等。孩子上了初中，就开始主动跟大学的生物学老师学习，最终成为清华大学生物系的学生。

作为家长，我们需要帮助孩子正确认识兴趣和学业之间的关系，帮助孩子处理好这种冲突，找到平衡点，帮助他们在未来的生活中更好地发展自己。

第三节

培养孩子的成长型思维

> **家长困惑**
>
> 孩子五年级了,考试压力也大了。没考好的时候,他经常说:"我就是学不好这门课。""我根本不是读书的料!"遇到不会做的题,孩子也总是轻易放弃,好像认为自己天生就不够聪明,不适合学习,努力也没有用。我特别担心,如果这样下去,他会对自己越来越没有信心。这才小学,等上了初中、高中,学习的难度更大了,他可怎么办呀?

思维模式不仅影响孩子对待学习的态度,也深深影响他们面对挫折的人生态度。有的孩子更加重视学习过程,能够从过程中享受学习的乐趣,学习有毅力,遇到困难也不轻易放弃;有的孩子面对学习任务表现得消极、被动,害怕犯错,认为自己不够聪明,不是读书的料,努力也没有意义。

美国心理学家卡罗尔·德威克认为这种差异在于思维模式,她将前者命名为成长型思维,后者命名为固定型思维。具有成长型思维的人相信智力、能力和天赋是不断变化、不断成长和进步的，能够包容自己的缺点，欣赏他人的优点，相信智力和能力不仅仅是天生的，还可以通过后天的努力和培养而改变。具有固定型思维的人则往往认为智力、能力和天赋难以改变，对努力和坚持缺乏信心，总是静态地、片面地看待人或事，习惯看到事情的消极因素，对于自己或别人的缺点和不足，更多地打击和否定。

中小学阶段，随着学习任务增加和难度增大，孩子开始出现学习分化、学习困难等情况。培养成长型思维能够帮助孩子积极面对困难和挑战，相信自己的潜力，对学习充满热情和信心。同时，培养孩子的成长型思维也能够增强自信心、提升问题解决能力、改善人际关系等，对孩子的健康成长和全面发展起到积极作用。

一、成长型思维让孩子爱上学习

"屡败屡战""罗马不是一天建成的"，这些都是成长型思维的体现。成长型思维模式能够为孩子的学习动机、心理素质和情绪调节等方面的发展增添积极的、"成长"的色彩，能让孩子正视学习中的困难、痛苦，用成长的眼光去看待学习和发展。

（一）成长型思维能激发内部学习动机

不同的思维模式可以激发不同的学习动机，既影响孩子能否坚持学习，也影响他们对学习内容和学习任务的态度和选择。

具有成长型思维的孩子相信世界上没有一成不变的事情，相信自己有能力改进和进步，更加注重学习过程而非学习结果，能够积极乐观地面对挫折，不惧怕困难和挑战，对自身的成长持有可持续发展的观念。例如，"这道应用题太难了，我换了三种方法，终于解出来了"。具有成长型思维的孩子学习动机更强、成绩提升更快、学习更投入。

而具有固定型思维的孩子认为个人的能力和智力是一出生就已固定的，无法在学习过程中改变，更在意别人如何看待自己，更关心学习结果和学习成绩。面对学习任务，他们不敢接受挑战，害怕挫折，常常选择"回避失败"，将失败归咎于外界因素，无法正视自己身上存在的缺点和错误，因此故步自封，甚至出现习得性无助。

（二）成长型思维能缓解考试焦虑

考试焦虑是中小学阶段，尤其是中学阶段孩子最常见的情绪障碍之一。过度的考试焦虑不但影响孩子的考试成绩，而且可能影响孩子的身心发展。考试焦虑一方面源自家长的高期望、沉重的学业压力、同伴竞争，另一方面源自孩子对自己学习能力的认识和评价，如能否通过某次考试，或者掌控学习活动等。

成长型思维以对学习、能力及挫折的积极认知为基础，可以抵御考试焦虑等负面的学业情绪。一项以美国中学生为被试的为期八周的心理干预研究指出，成长型思维能有效降低学生对于考试结果不确定性的焦虑水平，学生也更倾向于选择一些具有挑战性的学习任务，并在面对挑战时表现得更快乐。

具有成长型思维的人即使在面对有压力和难度大的挑战时，仍然相信通过努力可以改变智力和能力，积极寻找问题所在和解决难题的方法。当孩子以成长型思维看待考试成绩，将其视作阶段性学习结果反馈，而非对自身能力甚至智力水平的判定标准时，他们就能够从考试结果中发现自己的知识盲点和改进方向，进而不断努力、进步。用积极的、发展性的思维看待学习过程和考试，可以减少考试带来的焦虑。

（三）成长型思维能增强心理韧性

近年来，中小学生的心理健康问题成为家庭、学校及社会各方面关注的焦点。成长型思维作为一种积极信念，能对孩子的心理韧性产生重要影响。心理韧性也称心理弹性，是指个体在面对困难和挫折时仍能保持乐观心态，顶住压力顽强应对，并且在经历重大创伤之后重新恢复最初的良好状态。心理韧性水平高的孩子往往能够保持积极的心理健康状态。

心理学研究表明，具有成长型思维的孩子在个人成长、自我接纳、自主性和人际关系等心理健康维度上明显优于具有固定型思维的孩子。具有成长型思维的孩子在遇到困难和挫折时，不会轻言放弃，反而越挫越勇，不断努力来增强自己的能力。这种行为会大大减少失败带来的挫败感，也就是说成长型思维作为一种保护因素，能帮助个体将挫折带来的不良反应降到最低，因此心理韧性水平也会随之提高。相反，如果个体对自身发展的可能性持怀疑态度，就更容易感受到挫折的消极影响，甚至难以接受挫折带来的后果，心理韧性水平也随之下降。

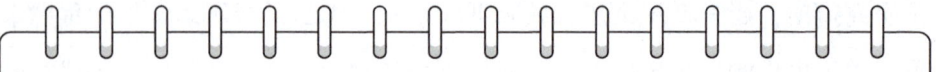

知识库
面对问题的两种思维方式

成长型思维：
- 我总是能比现在做得更好。
- 遇到困难，我能坚持。
- 我能从错误中学习。
- 我能去学任何我想学的东西。

- 别人的成功能给我带来启发。
- 我觉得努力和态度非常重要。
- 我喜欢挑战自我。

固定型思维：
- 我不想让别人觉得我是个失败者。
- 我要么擅长一件事，要么就不会。
- 遇到困难，我会选择放弃。
- 我不喜欢听到批评。
- 我不喜欢挑战自己现有的能力界限。
- 失败的时候，我会感到沮丧，觉得自己一无是处。
- 别人的成功会让我感到威胁。

二、如何培养成长型思维

中小学，尤其是中学阶段的孩子处于身心快速发育的时期，大脑的调节功能大大增强，这个时期也是自我意识和思维发展的关键期。家长的思维观念、语言反馈、评价方式，以及孩子自身对成功和失败的体验、个人情感认知等，都会影响成长型思维的养成。

（一）夸奖努力比夸奖聪明更重要

"好孩子是夸出来的"，在孩子成长的过程中，家长的夸奖和鼓励是必不可少的，可是夸奖的方式和效果千差万别。有的让孩子裹足不前，不敢尝试；有的则让孩子积极面对挑战，成为更优秀的人。

心理学家卡罗尔·德威克和她的研究团队对373名学生进行了为期两年的跟踪调查，通过一系列实验发现，表扬孩子努力和用功，可以给孩子自我掌控的感觉，孩子会认为成功或失败掌握在自己手中。他们更加注重学习过程而非成绩，也更享受在学习中挑战困难的乐趣。反之，当夸赞孩子聪明时，孩子会认为成功或失败都不是由自己掌控的，而是由天赋决定的，努力没有意义。

脑科学研究发现，跳出舒适圈会让大脑神经元产生新的连接，迎难而上、持续努力会让这些连接更紧密。因此，当孩子完成一项任务时，家长要多鼓励孩子的努力和行动，向孩子传达对他们的肯定和鼓励。例如，不要简单地说："你简直是个数学天才！"而是说："你对这道数学题的解题思路太棒了，又清楚又简洁！"

积极的心理暗示也会影响孩子对学习的观念。例如，孩子说："我就是学不好数学！"家长可以告诉他："你坚持练习计算，肯定有进步！"孩子说："我只能考到80分。"家长可以告诉他："你做得很好，继续努力，肯定还能考得更好！"这样积极的心理暗示可以潜移默化地改变孩子的思维模式，使他们更加乐观地面对学习中的困难。

此外，在鼓励孩子的时候，应尽量避免比较孩子与他人，要引导孩子关注自己的成长和进步，不用过多在意别人怎么看自己。例如，可以对孩子说："你与上学期相比进步了吗？""下次考试你可以准备得更加充分吗？"

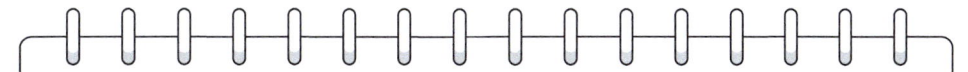

知识库
"你真聪明"的替代性说法

相比直接称赞孩子聪明,家长可以利用以下15句话来表扬孩子,培养孩子的成长型思维。

- 你很努力啊!(表扬努力)
- 尽管很难,但你一直没有放弃。(表扬坚毅)
- 你做事情的态度非常不错。(表扬态度)
- 你在……方面做得真棒!(表扬细节)
- 你很有创意啊!(表扬创意)
- 你和同学合作得真棒!(表扬合作精神)
- 这件事情你负责得很好!(表扬领导力)
- 你一点都不怕困难,太难得了!(表扬勇气)
- 你帮……完成了他的任务,真不错!(表扬热心)
- 你把自己的……整理得真好!(表扬责任心和条理性)
- 我相信你,你一定……(表扬信用)
- 你今天参加……活动时表现得很好!(表扬参与)
- 你很重视别人的意见,这点做得非常好。(表扬开放、虚心的态度)
- 真高兴你做出这样的选择!(表扬选择)
- 你记得……真棒!(表扬细心)

（二）注重长期目标和成长过程

以分数论英雄，把考试成绩当作衡量孩子发展唯一标准的"唯分数"式教育理念在家长中普遍存在，其背后的实质是家长愈发严重的功利化、短视化教育诉求和教育焦虑。

窄化了的学习行为，如为了提高考试成绩搞题海战术、疲劳战术，很可能让学习与成绩南辕北辙。只满足于让孩子机械地学习、被动地接受知识与技能，忽视对孩子关键能力、学习品质和心理素质的培养，固化孩子对能力和努力的认识，会大大削弱孩子的学习动机。

心理学家克雷顿·奥尔德弗提出了人本主义需要理论，指出个体的成长存在三种核心的需要：生存需要、相互关系需要及成长需要。

功利化的教育理念培养出的孩子在能力和素质上存在单一化的问题。当未来面对日趋激烈的社会竞争时，缺少创新能力、批判性思维能力将导致他们无法灵活处理复杂多变的事物，在竞争中处于劣势。因此，除了考试成绩，家长需要更多地关注孩子成长的长期性和发展性，培养他们对世界的好奇心、爱钻研的精神、探究问题的兴趣、积极乐观的心理品质和自我管理的能力，这样孩子才能从容应对未来生活中的挑战与困难。

（三）让失败变得有效

随着学习任务和学习难度逐渐增加，孩子的成绩可能有所下降，有的孩子会对自己做出错误的评价，认为自己"不是读书的料"，对学习失去热情。这个阶段的孩子自我认知和自我评价的能力还不全面，思考问题的方式还不成熟，家长有必要引导孩子正确看待学习的结果，让孩子意识到犯错和失败都不可怕，眼下的表现和成绩都是暂时的，只要不断努力，就能够掌握更多知识，在学习上取得进步。

面对考试的结果，要让孩子明白第一名只有一个，没有人可以永远做第一名。学习成绩不可能一成不变，它受到很多不确定因素的影响，更重要的是通过考试发现问题、解决问题。失败并不可怕，重要的是失败之后吸取经验和教训，找到未来努力的方向，这也是人们常说的"有效失败"。

如果孩子因为考试失败而变得情绪低落、自暴自弃，家长就要放平心态，不能因为孩子成绩偶尔下滑就发脾气，张口就批评孩子："你是不是又没有好好听课？！""怎么和别的学生差这么多分？"考试只是对孩子一段时间内学习状态的检测，而绝非对孩子学习好坏的盖棺定论。心平气和地与孩子一起分析试卷，看看究竟是什么问题导致失分，挖掘考试背后的教育价值，比执着于考试得了多少分更重要。

家长对成绩的认知决定了家长能否引导孩子正确看待考试结果；家长对失败的态度决定了孩子能否以成长型思维面对学习和生活中的挫折。

第四节

培养孩子的学习自我效能感

家长困惑

> 我的孩子似乎从来不认为自己能学好,从三年级"分化"之后,就在班级中下游"摆烂"。他好像也不讨厌学习,就是我每次让他再努力一把的时候,他总会说:"我不行,我的成绩巅峰就在二年级了。"小小年纪似乎就给自己定位"学习不行",这可怎么办呢?

20世纪70年代,心理学家班杜拉提出了自我效能感的概念,即个体对自己能否成功地从事某种行为活动的能力做出的主观判断,以及由此产生的自我体验。自我效能感是指向未来的,自我效能感高的人对自己接下来要做的事情信心满满。自我效能感会影响人们的认知、动机、情绪和选择。自我效能感高的人会为自己设置较高的目标,并且有更强的达成目标的动机。他们在活动过程中的努力程度及面对困难时的持久性和耐心都会增加,情绪状态也比较积极,还会主动选择一些富有挑战性的活动,以不断提升自我效能感。

学习自我效能感是自我效能感的延伸和细化,是指个体的学业能力信念，是个体对自己控制学习行为和学习成绩能力的一种主观判断。例如，孩子刚上三年级，对自己学习数学充满信心，觉得自己完全有能力学好，这就是学习自我效能感高的体现。

可以说，学习自我效能感是学业成就的良好"预测器"，一方面直接影响学业成就，另一方面通过影响学习成败归因、学习目标设置、学习兴趣、学习和考试焦虑、自我调节等因素对学业成就产生作用。因此，培养孩子的学习自我效能感能让孩子从心底觉得自己能学好，从而增强内部学习动机。

一、学习自我效能感与学业发展

学习自我效能感对个人学习活动的选择、努力的水平、动机的培养、情感的激发、潜在能力的开发都有极其重要的作用。

（一）学习自我效能感直接影响学业成就

国内外学者通过大量的实验和研究，认为学习自我效能感直接影响学业成就。学习自我效能感高的孩子更有可能相信自己具备完成学习任务的能力，选择适合自己的、具有挑战性的学习目标，为自己制订合理的学习计划。他们对实现学习目标抱有坚定的信心，当遇到困难时有更强的毅力坚持下去。学习自我效能感低的孩子对学习目标没有准确的定位，当遇到困难的学习任务时会选择退缩和放弃，缺乏内在的学习兴趣，学业成就较低。

学习自我效能感与学业成就相互促进。当孩子取得学业成就时，他们的学习自我效能感会增强，进而产生更多的学习动力和学习投入。反之，如果孩子在学习上遭遇失败或挫折，他们的学习自我效能感就可能降低，进而影响后续的学业表现。

（二）学习自我效能感与学习动机密切相关

学习自我效能感能够激发孩子的内部学习动机。具有较高学习自我效能感的孩子相信自己有能力完成学习任务并取得成功，这种信念会促使他们主动投入学习，选择既适合自己的能力又富有挑战性的学习任务，尝试新的学习策略和方法，追求更好的学业表现。相反，如果孩子的学习自我效能感较低，他们就可能对自己的学习能力产生怀疑，缺乏学习的动力和信心。

在面对学习挑战时，具有较高学习自我效能感的孩子能够积极应对，他们相信通过努力可以克服障碍并取得进步，而且会主动寻求家长或老师的帮助，经常进行学习反思。这种积极的心态有助于他们保持持久的学习动机，不断追求更高的学业目标。而学习自我效能感较低的孩子在面对挑战时可能感到无助和沮丧，失去学习动力，选择"回避失败"，这就削弱了他们的学习动机，限制了学习进步。

当然，学习自我效能感并非越高越好。当学习自我效能感过高，达到"自负"的状态时，孩子就可能过于自信，甚至得意忘形，错误判断学习任务的难度和需要付出的努力，从而削弱学习动机。

（三）学习自我效能感指导学习行为

班杜拉还发现，自我效能感影响学生对学习行为的自我管理和自我控制。可以说，学习自我效能感高的孩子能有效控制自己的学习行为，专注于学习任务，认为学习受自己控制，自己是学习的主人，自己是学习结果的直接责任人，因而能有效调节自己的学习，纠正不适当的行为，从而取得好成绩。而学习自我效能感低的孩子由于对学习行为和结果缺乏控制感，会表现出各种消极的学习行为。

（四）学习自我效能感影响学习情绪

学习自我效能感高的孩子在面对学习挑战时表现得信心十足、情绪饱满，学习效率高。这种积极的心态有助于他们保持良好的学习状态，更加专注和投入地学习。相反，学习自我效能感低的孩子可能在学习上缺乏信心，对困难和挑战感到畏惧和焦虑，导致学习情绪受到负面影响，出现焦虑、沮丧等消极情绪。

面对学习成绩的波动，学习自我效能感高的孩子将其视为学习和成长的机会，从中吸取教训，调整学习策略，以更积极的心态面对后续的学习任务；学习自我效能感低的孩子则可能将成绩下降视为自己的无能，学习信心和情绪受到打击，形成恶性循环。

此外，学习自我效能感高的孩子擅长调节自己的情绪，面对学习的挑战和压力时能够保持冷静和理智；学习自我效能感低的孩子更容易受到情绪的干扰，很难调节自己的情绪，导致学习状态受到严重影响。

二、自我效能感的来源

个体的自我效能感来自以下四个方面。

一是个体先前的成败经历与体验。个体先前成功的经历有利于提高其自我效能感，失败的经历则会降低其自我效能感。也就是说，如果孩子频繁遭遇学业失败，就更难体验到学习自我效能感；而较多的成功经历则会让孩子感到自己能在学习中做出好的表现。

二是替代经验，即他人成败的经历。人们会在同等条件下比照他人的相同行为来预测自己行为的结果，他人的成功可以提高其自我效能感，别人的失败则会降低其自我效能感。孩子一般会从同伴那里习得替代经验，如同桌通过一种学习方法迅速记住了某条公式，孩子就会倾向于模仿这种学习方法。

三是言语说服，即试图凭借说服性的建议、劝告、解释和自我引导来改变人们的自我效能感。例如，在有他人鼓励并给予殷切期望的情况下，自我效能感会提高，但依靠这种方法形成的自我效能感不易持久。

四是情绪唤醒。情绪和生理状态也影响自我效能感的形成，在紧张、危险的场合或负荷较大的情况下，情绪易于唤起，高度的情绪唤起和紧张的生理状态会妨碍行为操作，降低对成功的预期。

三、如何培养学习自我效能感

自我效能感在个体发展的早期容易培养，成年之后趋于稳定。中小学阶段是孩子自我认知和社会认知发展的关键时期，在这个阶段培养良好的学习自我效能感，能够帮助孩子认识和了解自我的优势和价值，选择正确的学习策略，能够承受挫折和树立信心。

（一）创造体验成功的机会

孩子的学习自我效能感建立在以往学习经历的基础上，成功的经历会增强孩子在未来取得成功的信心，失败的经历则会让孩子对自己的能力产生怀疑。在学习上一定要让孩子多体验成功。不断积累的成功体验让孩子产生努力学习的动机和需要，树立对学习的信心，建立稳定的学习自我效能感，这种效能感不会因为一时的挫折而降低，而且可以泛化到生活中的其他方面。所有的成功都不是一蹴而就的。循序渐进地为孩子创造体验成功的机会，可以帮助孩子提高学习自我效能感。

1. 让孩子找到自己的优势，正确认识自己

心理学研究发现，不仅过去的事情能够影响现在，现在的状态也能影响对过去的理解。成功、失败的经验对自我效能感的影响，与人对成功、失败的主观认识有关。因此非常有必要让孩子从今天、从当下认识自己，用今天学习上的新收获、新进步来扭转过去失败经历带来的挫折体验和对自我能力的质疑。例如，有的孩子擅长逻辑思维，有的孩子想象力丰富，有的孩子动手操作能力强，等等。让孩子看到自己的闪光点，认识到自己的潜能，明白"天生我材必有用"，在对自己的反思中增强对学习的信心，提升自我评价和自我效能感。

2. 以点带面，让孩子树立学习的信心

在心理学上，学习自我效能感有"一般"和"特殊"的区别，既有整体上对学习的一般自我效能感，也有指向特定学科、特定任务的特殊自我效能感。这两种学习自我效能感都能够预测孩子的学习成绩，数学、英语、物理等不同学科的特殊自我效能感对相关学科成绩的影响更大。研究人员还发现，特殊自我效能感经过长期经验的积累可以转变为一般自我效能感。因此，当孩子找到自己的优势和特长时，会在这些方面树立信心。这时家长因势利导，多肯定、鼓励孩子，可以将这种信心和效能感迁移到学习的其他方面。家长可以为孩子学习自我效能感的发挥创造宽松、愉快的学习氛围，多跟孩子聊聊他们擅长的方面，听听他们独特的见解，及时表扬；也可以故意说错一个历史知识、弹错一个音符或把篮球投到筐外，让孩子有机会展示自己。在更正家长的"错误"时，孩子能强烈感到自己的能力和价值，这会大大提高他们的自我效能感。

3. 设计"够得着的目标"，让孩子体验成功

有经验的家长会帮助孩子制定合适的学习目标，把长期、困难的目

标分解成具体、简单的目标，使孩子在追求目标的过程中看到自己的点滴进展，更强地感受到学习的进步和成功。对某些孩子尤其是学习成绩较差的孩子降低成功的评判标准，在其取得了相对较小的成功时也及时给予鼓励。先从背会一首古诗、做对一道题、弹完一首曲子开始，通过"低起点""低标准""小步子"的方式，让孩子不断实现"小目标"，满足孩子成就感的需要。特别是在分析成绩的时候，引导孩子多纵向比较，看看比之前的自己是否有进步，进步在哪里。当听到家长对书面更加整洁、解题步骤更加完整等做出肯定时，孩子的学习热情和积极性会迅速提高。

4. 及时表扬，称赞孩子的每次进步

家长对孩子的学习不仅要及时检查、督促，也要恰当地评价。积极的评价可以提高孩子的自我效能感，而消极的评价可能使孩子的自我效能感降低。因此当孩子在学习上取得进步时，要不失时机地做出表扬和奖励，让他们体会到自己的进步。孩子对于强烈的情感体验有深刻的记忆，尤其对于学习困难、信心不足的孩子，家长不宜一味说教，要善于发现他们在学习中的亮点和成绩，并及时做出积极评价，以激发孩子的学习激情和自信。

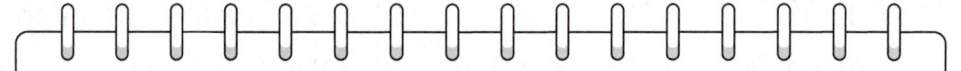

故事屋

每周学会一个知识点

五年级的晓妍在数学上花费了相当多的时间，但成绩却如蜗牛拉车，长期的努力没有回报。渐渐地，晓妍对数学失去了信心，为此爸爸妈妈很着急。

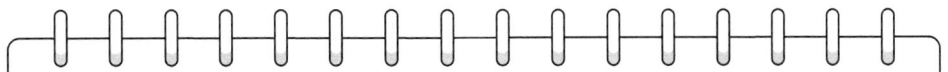

期中考试后，妈妈找晓妍谈心："晓妍，你最近感觉数学学得怎么样？"

"一塌糊涂。"晓妍脱口而出。

"那你有没有从自己身上找找原因呢？"妈妈继续问。

晓妍沉默了一下，说："一到数学考试我就紧张，怎么也考不好。我同桌就是因为数学成绩比我好，所以排名总是在我前面，要是我的数学成绩提上去了，我一定能超过她！"

妈妈笑了笑，说："那我们定个目标，不是要超过你同桌，只需要你一周弄懂一个公式或定理，到期末考试时看看能不能进步，行不行？"

"我的数学那么差，肯定不行。我怕自己学不好！"晓妍打起了退堂鼓。妈妈摸摸晓妍的头说："只要你认真思考，踏踏实实练习，就一定能学好。妈妈对你有信心，你也要对自己有信心才行。还没做就说自己不行，那就再也不可能进步了哦。"晓妍还是很犹豫，妈妈继续说："妈妈当年还是数学课代表呢，我来做你的学习助手，妈妈对你有信心，你也要对妈妈有信心！"说着，妈妈让晓妍拿出数学书，"要不咱们先试试？我给你讲一讲简易方程吧。"妈妈一边说，一边讲解路程类方程的解题思路，讲完之后，随即给晓妍出了一些练习题。尽管晓妍没有全做对，可是正确率却比平常高了很多，晓妍喜出望外。妈妈高兴地说："我说了吧，你要对自己有信心，这回相信自己了吧？""那当然了。"晓妍自豪地说。

信心倍增的晓妍觉得妈妈的计划没有什么难度，就欣然答应了。

之后每周妈妈都给晓妍布置学习一个知识点的任务。妈妈先讲解，晓妍自己梳理，然后做题。晓妍还给自己准备了错题本，把自己出错的原因总结在上面，避免再次出错。在这样"做题—出错—纠正—整理"的过程中，晓妍的知识漏洞越来越少，原来头脑中零散的知识点逐渐编织成网，做题越来越顺手。一个多月过去了，晓妍逐渐找回了学习数学的信心，到期末考试前，她已经将考试最常见的几类题型掌握得差不多了。

期末考试成绩出来后，晓妍兴奋不已，她真的进步了！晓妍对妈妈说："妈妈，我以后一定要坚持练习数学，一次学懂一个知识点也很厉害。我对自己有信心，我一定能超过同桌！"

（二）正确对待自我评价和他人评价

自我评价是孩子心理健康的重要指标之一，关系到孩子的自我接纳程度，对孩子的成长和发展有重要影响。有研究者发现，孩子对学习的自我评价可以唤起对自己学习态度和表现的自省。自我评价越高，孩子对学习的正面情绪水平越高，进而对生活的满意度也越高。

自我评价较高的孩子能认识到自己的不足，但并不因此否定自己。他们能接纳自己、尊重自己，在学习和生活中的积极性和主动性比较高，能够与他人友好相处。自我评价较低的孩子容易放大自己的问题，对自己的表现不满意，总想改变自己，非常敏感，特别在意别人对自己的看法，害怕别人瞧不起自己。

在中小学阶段，孩子的认知能力还不够成熟，自我评价难免出现偏差。一些孩子出于自尊的原因，会有过高评价自己的心理倾向。在中学阶段，尤其要多关注女孩的自我认知发展，她们的自我评价普遍低于男孩。受社会文化期望的影响，男孩的自我评价主要依赖自己的成就和能力，而女孩的情感比男孩更加丰富和细腻，她们的自我评价受到父母、老师、好朋友等人际关系和情感联系的影响，容易感受到负面的情绪和外界的压力，导致自我评价水平较低。

家庭是孩子自我评价的基础，家长对孩子的评价和支持直接影响孩子的自我评价。可以让孩子做一个关于自我评价的小测试，和孩子一起了解自我评价的情况。对于自我评价低的孩子，家长要给予更多的情感支持、鼓励、肯定，让孩子明白虽然自我评价是消极的，但他没有自己想得那么差。当孩子考试失利时，鼓励孩子继续努力；当孩子对学习产生焦虑时，接纳孩子的负面情绪，帮助孩子放松心情。一定不要把自己孩子的短处和别人家孩子的长处比，这是最糟糕的评价。当孩子学不懂、考不好的时候，不要当众批评孩子，更不要说"你可真笨""真拿你没辙"这样的话，哪怕只有简单的"再试一次"也能鼓励孩子不断努力。

面对他人的评价，家长应提醒孩子多关心自己对自身的看法。最了解自己的应该是自己，最重要的也是自己对自己的认识和评价，过分在意他人的评价，自己会平添很多烦恼。听到他人的评价时，家长要引导孩子独立思考，有选择地接受。所谓"当局者迷，旁观者清"，他人的反馈可以帮助孩子从不同的角度认识自己，但是在因为他人的肯定或否定而感到得意或难过之前，应先想一想他们的评价是否真实、客观。"有则改之，无则加勉"，不必因为他人错误的、无心的评价而困扰。

知识库

测测孩子的自我评价情况

这是一个关于自我评价的小测试,让孩子在认为最适合自己的选项后打"√"。

1. 我认为自己有许多优点。

（1）非常同意__（2）同意__（3）不同意__（4）非常不同意__

2. 我认为自己不比大多数人差。

（1）非常同意__（2）同意__（3）不同意__（4）非常不同意__

*3. 我觉得自己是一个失败者。

（1）非常同意__（2）同意__（3）不同意__（4）非常不同意__

*4. 我觉得自己没有什么值得自豪的地方。

（1）非常同意__（2）同意__（3）不同意__（4）非常不同意__

5. 我对自己持有一种肯定的态度。

（1）非常同意__（2）同意__（3）不同意__（4）非常不同意__

6. 整体而言,我对自己很满意。

（1）非常同意__（2）同意__（3）不同意__（4）非常不同意__

*7. 我有时候看不起自己。

（1）非常同意__（2）同意__（3）不同意__（4）非常不同意__

*8. 有时我觉得自己很没用,一无是处。

（1）非常同意__（2）同意__（3）不同意__（4）非常不同意__

说明：选项中，"非常同意"计4分，"同意"计3分，"不同意"计2分，"非常不同意"计1分。*表示反向计分，即"非常同意"计1分，"同意"计2分，"不同意"计3分，"非常不同意"计4分。总分越高，说明自我评价越积极。

（三）磨炼战胜挫折的意志

孩子在成长过程中需要面对很多挑战和失败。学习困难、情绪困扰等可能影响孩子的发展。提高抗挫折能力，培养面对困难的坚强意志对于保持良好的学习自我效能感至关重要。

很多孩子抗挫折能力差，源于家长的过度保护和溺爱。孩子在成长过程中必然遭遇这样或那样的挫折，父母不可能总是替孩子遮风挡雨，让孩子一直生活在温室中。不要剥夺孩子成长的机会，只有经历挫折和磨砺，才能锻炼孩子的抗挫折能力，培养他们的坚强意志和心理韧性。

家长要创造锻炼的机会，帮助孩子体验挫折，学习应对挫折。让孩子参与力所能及的家务，带孩子参加一些有意义的活动，如爬山、做志愿者、体育竞赛，或者布置有一定难度的任务。孩子可以从中体验到克服困难的成就感，并将这一刻的喜悦转化成战胜困难的信心和勇气，从而提高自我效能感。

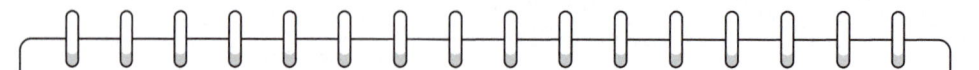

> ### 知识库
>
> **美国孩子的家务清单**
>
> 7~12岁：做简单的饭；帮忙洗车；扫地、擦地；清理卫生间；扫树叶、扫雪；会用洗衣机和烘干机；把垃圾箱搬到门口（有垃圾车来收）。
>
> 13岁以上：换灯泡；换吸尘器里的垃圾袋；擦玻璃（里外两面）；清理冰箱；清理灶台和烤箱；做饭；列出要买的东西的清单；洗衣服（全过程，包括清洗、烘干、叠好衣服并放回衣柜）；修剪草坪。

"挫折是人生的宝贵财富"。一个人在成长的过程中必定遇到各种困难与挫折，它们在给人带来心理压力和情绪困扰的同时，也带来成功的契机。当孩子正为挫折苦恼的时候，家长可以跟孩子分享自己曾经的挫折经历，告诉孩子在遭遇挫折、战胜挫折的整个过程中自己的心态是如何变化的，说说自己在战胜挫折的过程中收获了什么。启发孩子遇到挫折时不要被吓倒，相信挫折会为勇敢的人带来宝贵的财富。当困难过去之后，在孩子不被挫折困扰、心情轻松的时候，跟孩子交流一下感悟。问孩子："这次挫折让你成长了吗？你收获了什么？"让孩子对"挫折是人生的宝贵财富"有所体会，这样孩子才能不排斥、不畏惧挫折，乐观面对挫折。

当孩子遇到挫折时，家长还应观察孩子遇到的挫折是否已经超过他的承受极限。当孩子确实无法解决问题时，家长应及时给予帮助，以免压力超过孩子的心理承受能力，使孩子自暴自弃、一蹶不振。

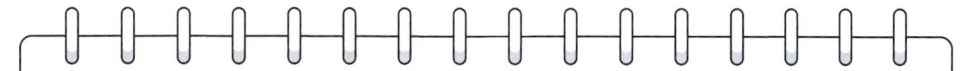

知识库

从挫折中恢复的七个步骤

1. 发生了什么?

遇到挫折时,首先要对当前局势进行清晰而又现实的回顾,从而更好地掌握全局,厘清头绪,准确地了解发生了什么。例如,可以给一个想象中的朋友写信,解释正在发生的事情。

2. 我想做些什么以获得改变?

遇到挫折时,有人可能认为"这不该发生在我身上",但能够快速从挫折中恢复的人往往很快接受现实,并采取行动——对此我可以做些什么?

3. 哪些部分超出了我的控制?

在开始实施计划前,承认各种局限性很有必要:哪些部分超出了自己的控制?哪些事情是自己能改变的?

4. 现在我的感觉如何?

了解自己的情绪,知道在愤怒、悲伤或恐惧情绪的影响下,思路很难保持清晰,体力容易下降,自己可能感到疲倦和注意力分散。接受情绪的起伏有助于设定现实的目标。

5. 谁能帮助我?

可以跟人聊聊,获得一些情感方面的支持和有用的反馈。也可以设定一些自己能够管理的小目标,确保有人能够在事情变得复杂、困难时给你帮助。

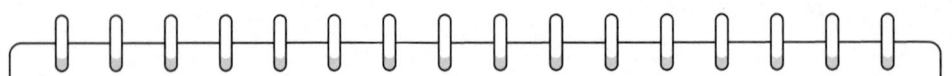

6. 第一步该做什么?

第一步最重要。不管做什么，先行动起来，不要停留在思考中，不要因寻找完美的解决方案而耽搁时机。

7. 总结进展。

回顾之前的六个步骤，评估事情进展到了什么程度，为下一步做计划，并根据需要多次重复这个过程。

第五章
为孩子提供良好的学习环境

　　许多家长认为自己帮助孩子学习的最主要工作就是辅导孩子学习，自己如果辅导不了，就只能为孩子请家教了，却常常忽略家长帮助孩子学习的方面其实很多，一个重要方面就是为孩子的学习提供良好的物理环境和心理环境。家庭和学校是孩子学习的两个重要环境。学习环境的好坏直接影响孩子的学习状态和学习效果，是让孩子学会学习的重要外部环境，需要家长精心打造。本章主要介绍家长如何为孩子提供良好的学习环境。家长要为孩子打造适合学习的家庭物理环境和家庭心理环境，将学习融入形式多样的家庭活动。家庭和学校的合作可以为孩子的学习和发展提供强大的合力。家长需要帮助孩子建立良好的师生关系，与教师保持良好的沟通，积极参与和配合学校教育，为孩子的学习提供全方位助力。

📝 观点提要

（1）要为孩子打造适宜学习的家庭物理环境。这需要结合孩子的身心发展阶段，准备合适的学习空间和学习设备。

（2）要营造适宜学习的家庭心理环境。家长要重视建立和谐有度的亲子关系，对孩子抱有理性的教育期望，积极地表达和控制情绪，用心与孩子沟通，陪伴孩子健康成长。

（3）在家庭活动中促进孩子学习。家长要以身作则，为孩子树立好学的榜样，将学习融入形式多样的家庭活动，增进与孩子的沟通和交流，让孩子在参与家庭活动的过程中学习和进步。

（4）家校合作，为孩子学习提供强大合力。良好的师生关系、积极的教师期望是孩子爱上学习的"催化剂"；家长积极参与和配合学校教育，保持与学校、教师的顺畅沟通，为促进孩子更好地成长共同努力。

第五章　为孩子提供良好的学习环境

第一节

打造适宜学习的家庭物理环境

家长困惑

孩子在家有学习专用的书桌，我也在上面给他摆满了书籍、文具和他喜欢的公仔，但孩子坐在那儿学习时一会儿玩玩公仔，一会儿翻翻课外书，总是心不在焉，看着我就生气，有时候那里反而成了他吃零食、打游戏的好去处，桌子上弄得一团乱，还得我来收拾。明明精心给他布置的学习区，怎么就没办法吸引他稳稳地坐在那儿学习呢？什么样的学习环境才是合适的呢？

家庭是孩子学习的第一课堂，家庭环境的布置、物品等都会影响孩子的发展。早在1966年，美国《科尔曼报告》就对家庭学习环境等方面的差异开展了调研，结果显示影响孩子学业成就的主要因素是家庭环境。近年来，越来越多的研究表明家庭环境直接影响孩子的身心健康。家长根据孩子的成长特点和学习需要创造适合孩子学习的环境，可以激发孩子的学习兴趣和积极性，促进他们健康成长。

一、打造符合孩子身心发展特点的学习空间

不同年龄段的孩子身心发展特点不同，因此家庭学习空间的设计也需要适应孩子的成长阶段。例如，对幼儿来说，学习空间可以更加游戏化、色彩鲜艳，以吸引他们的注意力；而对青少年来说，学习空间则应更加简洁、实用，以满足他们独立学习、专注学习的需求。

（一）学前阶段：有趣的游戏空间

我们常说，会玩的孩子不会笨。会玩的就会学，会学的也会玩。学与玩彼此促进，相得益彰。在学前阶段，游戏是孩子的天性，也是学习的重要途径和渠道。许多科学实验都验证了适当的游戏会对孩子的认知、语言、情绪和社会交往产生积极影响。因此，为学前阶段孩子布置安全、有趣的游戏空间对孩子的身心发展起着重要的作用。

玩具如同孩子的"第一本书"，而游戏空间便是孩子的"图书角""学习小天地"。有条件的家庭可以专门为孩子提供一间"游戏室"，在里面设置不同的游戏区，如在"自然区"和孩子一起种一盆花，在"智力区"摆上益智玩具等。空间紧张的家庭可以腾出一个角落作为孩子专属的游戏区，如在阳台摆放儿童游戏桌椅，使之成为一个儿童游戏区；在客厅铺上爬爬垫，围上儿童围栏，可以用大纸箱搭个小房子；在卧室一角也能摆上地毯、靠垫或小帐篷，和孩子一起读绘本、"露营"等。居住条件有限的家庭也可以因地制宜，如家长可以利用日常用品、废弃物，和孩子一起动手制作一些小装饰品，点缀不大的小家。

为了让孩子玩得"尽兴"，可以给家里的游戏空间分区。玩起来动静比较大的玩具，如秋千等，可以放在相对空旷的地方，移走容易磕碰的柜子、架子，让孩子随意活动；玩起来比较安静的玩具，可以放在软垫旁

边的架子上。在孩子的游戏空间里，最好不要摆放太多会干扰孩子专注力的物品（如食物、电子产品等），减少环境中的噪声（如说话声、电视声），让孩子"沉浸式"地玩。

家长还需要根据孩子生长发育的特点选择合适的玩具，如玩具要适合孩子的身高，在训练大动作或精细动作的不同阶段有针对性地选择游戏材料。但是孩子的玩具并不是越多越好，同时给孩子提供太多的玩具也不利于孩子专注力的培养。孩子喜欢新鲜的事物，玩具也一样。天天看见的玩具，孩子的新鲜感会很快消失，就不想玩了。家长可以定期更换摆放在外面的玩具，把玩具轮流藏起来。孩子一段时间看不见玩具后，可能重新恢复兴趣。

实验室

玩具越多越好吗

一、实验目的

研究同时呈现数量不同的玩具时，对孩子的影响是否有差异。

二、实验过程

研究者招募了36名学前阶段孩子参与实验。孩子被随机分成两组，第一组孩子分配4个玩具，第二组孩子分配16个玩具，每个孩子都可以玩玩具30分钟。研究者观察孩子玩玩具的表现，并记录下来。

三、实验结果

研究者统计了孩子每次玩玩具的时间和方法，如图5-1所示。

每次玩玩具的时间（秒）

150
100
50
0
4个玩具　　16个玩具

玩玩具的方法（种）

16个玩具
4个玩具

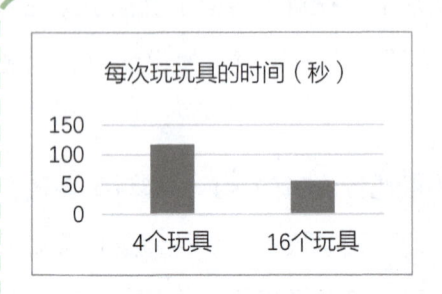

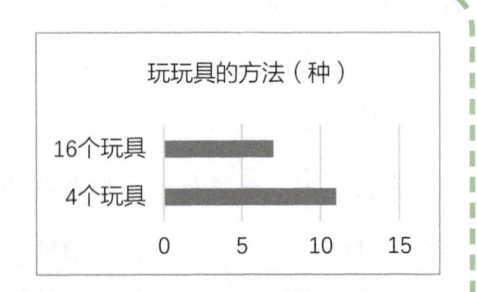

0　　5　　10　　15

图5-1　实验结果

从结果可以看出，同时向孩子呈现更少的玩具，孩子每次玩玩具的时间更长、更专心，会探索更多的玩法，更有利于想象力和创造力的发展。

玩具的摆放也有讲究。积木等拼装类益智玩具可以放在书桌底下、柜子下层，孩子容易取放；小件类如小车、人偶等，可以用收纳盒整齐地收集起来，孩子自己也容易收拾。

（二）小学阶段：固定的学习空间

进入小学，孩子开始接受系统的学校教育，需要完成学校和老师布置的作业和任务，逐渐培养自主学习的能力。家庭环境需要进行一番调整和布置，给孩子提供一个固定的学习空间。

1. 让学习空间"固定"

固定的学习空间能够让孩子形成一种心理定势，也就是说，每当孩子在习惯的地方坐下，就会条件反射地想到学习，就像医生走进病房，运动员走进训练场，即刻就来了精神，准备面对接下来的专业工作一样。这就是心理学中"地点动力定型"的现象。学习空间固定之后，孩子只要进入这个区域，就会产生"我该学习了"的心理暗示，可以快速进入学习状态。

固定学习空间的面积无所谓大小，只要布置得当，都可以成为温馨舒适、整洁有序的学习环境。如果空间允许，最好为孩子准备单独的书房，当然也可以在孩子的卧室规划出一块学习的空间；如果空间紧张，客厅相对安静的一角也可以布置成孩子学习的小天地，只要有一张小桌子、一把小椅子、一盏小台灯就可以，家长还可以用布帘、盆栽、小书架等把这个小小的学习空间与客厅简单隔开。

无论是独立的还是公共的学习空间，家长都需要和孩子一起约定空间的使用规则，明确这是用来学习的地方，吃零食、玩游戏等休闲娱乐行为尽量不要在学习空间内进行。孩子学习时，其他家人尽量不打扰孩子，不要"嘘寒问暖"打断孩子写作业，避免弟弟妹妹吵着要抢哥哥姐姐的作业、电视声音过大等。

2. 学习设备简洁、实用，让孩子专注于学习

家长要根据孩子的身高、体型、学习需求和学习习惯，选择适合的桌椅、书架、学习机等学习家具和设备。

例如，要选择高度合适的书桌和椅子，让孩子在学习时能够保持正确的坐姿；还要准备保护视力的台灯、简易的闹钟等。准备一个小书橱或书架，放入适合孩子阅读的有趣、有益的书籍，并及时更新。准备一个有多个抽屉的柜子，为每个抽屉贴上标签，分门别类地放入孩子学习所需的文具。文具实用即可，不宜过于精致、花哨，否则会分散孩子在学习时的注意力，甚至引发攀比。

3. 让孩子自己管理学习空间

家长可以引导孩子学会管理自己的学习小天地，卫生的打扫、物品的

摆放、书籍的更换和调整等，都可以让孩子自己动手。这样既帮助孩子养成良好的生活习惯，也可以锻炼孩子自主安排学习和生活的能力。

（三）中学阶段：独立的学习空间

学习空间是否独立，除了空间条件的限制，还要考虑孩子身心发展的阶段。如果孩子处在小学阶段，就可以在家里的公共空间设立家庭学习桌，孩子和家长都在一张大桌子上或一个房间内学习。一方面，家长可以随时观察孩子的学习状态，督促孩子保持正确的坐姿；另一方面，家长投入学习的状态也会感染孩子，提升孩子的学习积极性。

中学阶段的孩子更需要独立的学习空间。青春期的孩子对"独立"和"隐私"有更高的心理需求。有研究表明，"独立自主"是青少年与家长产生冲突的最重要的影响因素。这与孩子在这个阶段的心理特点相呼应。随着生理的逐渐成熟，孩子的自我意识也在不断觉醒，进入青春期后，他们开始希望拥有更大的自我空间，渴望挣脱约束、摆脱控制，争取更多自主学习和独立处事的权利，体会"我的地盘我做主"的感觉。

家长对孩子有着天然的亲近感和掌控感，却往往因为对孩子"一厢情愿"的全方位陪伴，打破了与孩子之间的边界，忽视了青春期孩子作为一个独立个体对个人空间的需求。青春期的孩子之所以与家长发生冲突，并不是要超越家长的权威，也并不打算真的伤害家长或惩罚他们，只是希望家长以公平和尊重的姿态来对待自己，最好既和家长保持平稳、亲密的关系，又为自己赢得独立自主的空间。

曾有一个案例引发了热议：家长在已经是中学生的孩子的房间里装监控设备，监督孩子学习，孩子选择报警。家长还感到特别委屈，明明像孩子小时候一样督促他学习，怎么就当了"坏人"呢？随着科技的发展，

"家庭监控"越来越普及，很多父母在婴幼儿房间里装监控设备，这是能理解的，毕竟家长需要随时了解孩子的安全情况。但是孩子到了青春期，需要个人隐私和独立自主，在监控镜头之下，他们可能表现出"假装学习"的行为欺骗父母，也可能如前文案例一般与家长冲突。总之，家长不可能通过监控设备看到青春期孩子真正的表现，这种单向的镜头除了满足家长的控制欲，没有其他任何效果。而且我们也不应该去窥探孩子的隐秘。设身处地地想：我们在工作的时候，如果也有一个监控镜头对准自己，被单位领导随时掌控，你还能全心全意地投入工作吗？孩子也一样。青春期的孩子和成人一样需要隐私、独立和自我掌控感。

因此，为青春期的孩子准备一个相对独立和私密的学习空间，可以让孩子感受到家长的尊重、信任和支持，既能保持良好的亲子关系，也能让孩子更安心地学习。

二、布置功能性的学习空间

除了书房和书桌，有条件的家庭还可以利用家里的小角落为孩子布置专属的学习小天地，如阅读角、备忘角、展示角等，为孩子提供一个专注、舒适的学习环境。

（一）阅读角：孩子享受阅读的专属小天地

家长可以为孩子的阅读布置一个专属小天地，从小培养孩子的阅读兴趣和阅读习惯。家长可以和孩子一起在这个阅读小天地中亲子共读，或者在孩子阅读的同时，家长在旁边一起阅读。

（1）应该选择安静、光线充足的地方作为阅读角，如靠窗的位置，这样白天可以借助自然光阅读，晚上也可以利用灯光照明。同时，这个位置应该远离嘈杂的声源，如电视或音响，以营造安静的阅读氛围。

（2）阅读角可以有舒适的座椅，可以为孩子准备一把舒适的椅子或沙发，可以选择带有靠背和扶手的款式，以提供额外的支撑。如果空间允许，也可以考虑放置一块小地毯，让孩子可以盘腿坐在上面阅读。

（3）阅读角要配置一个高度合适的书架，可以把孩子喜欢的书籍放在显眼的位置，以吸引他们的注意力。

（4）阅读角要提供合适的照明，可以安装光线柔和、均匀或可调节亮度的台灯或落地灯，避免过强或过弱的光线使孩子的眼睛不适。

（5）阅读角可以增添装饰元素，如挂一些孩子喜欢的挂画，摆放好玩的摆件或绿植、一家人出游的纪念品等，让这个小空间变得温馨有趣。

（6）家长要鼓励孩子参与布置，让孩子选择自己喜欢的书籍、装饰物或颜色布置阅读角。这样可以让他们感到这是自己的"地盘"，更愿意在这里度过愉快的阅读时光。

（7）可以根据孩子的年龄和兴趣定期更新阅读角的书籍，挑选一些适合他们的经典文学作品、科普读物或绘本等，为孩子提供足够的、多样的读物。

（二）备忘角：记录学习任务或重要事项

备忘角可以用来鼓励孩子向全家人展示他的学习任务、学习计划、重要事项提醒、家庭任务清单、家庭公约等，既可以提醒全家人与孩子相关的学习、生活事项，也可以无形中为孩子创造一个监督计划执行、提醒待办事项的约束。

（1）选择合适的位置。选择一个孩子经常出入的地方，如他们的卧室墙面、书桌旁或客厅的某个角落、玄关、阳台等，这样的位置既显眼，又便于孩子随时查看和更新信息。

（2）使用可擦写材料。可以使用白板、磁性黑板或带有可擦写涂层的墙面贴纸，孩子可以用马克笔或粉笔随时记录任务、日期或提醒，完成后又能轻松擦掉。

（3）设立分类板块。根据孩子的需求，用不同颜色的便签或分隔线来区分不同的板块，如作业清单、课外活动、每日计划等，让备忘角的信息更加清晰、明了。

（4）提供便利工具。为孩子准备一些便签、彩笔、磁铁等工具，方便他们随时添加或更新信息，也让他们记录任务的过程更加有趣。

（5）添加个性化的装饰。鼓励孩子用自己喜欢的贴纸、画作或装饰品装饰备忘角，让备忘角更符合孩子的兴趣和使用习惯。

（6）定期回顾与清理。引导孩子养成定期回顾与清理备忘角的习惯，如每周或每月与孩子一起检查已完成的任务，清理过期信息，确保备忘角始终整洁、有序。

（7）家长的示范、引导。家长先示范如何使用备忘角来记录和管理任务，如贴上家庭活动安排、生日提醒等，带着孩子养成记录、整理和复盘的习惯。

（三）展示角：展示孩子的作品，记录孩子的成长和进步

家长还可以为孩子设立展示角，展示孩子的作文、绘画、奖状、奖杯等，记录孩子的成长和进步，在孩子遇到挫折时用展示角鼓励他。

展示角更适合小学中年级之前的孩子。需要注意的是，展示角并不适合所有年龄段的孩子。小学中年级之前的孩子更急于得到家长的认可和鼓励，他人评价对他们非常重要，他们也更愿意展示自己的长处，展示角能

帮助他们建立自我效能感，增强学习动机。孩子进入小学高年级之后，家长要征求孩子的意见。有些孩子在进入青春期之后，开始"羞于"展示自己的成就和长处，家长也要尊重孩子的意愿，选择合适的展示品或其他鼓励方式。

（1）选择合适的位置。展示角需要足够的空间，适合布置在一个显眼且便于观看的地方，如客厅的墙面、卧室的墙壁或走廊的尽头。

（2）选择适当的展示工具。根据要展示的物品的大小和类型选择合适的展示工具，如可以使用挂画架来展示孩子的画作，使用照片墙来展示孩子的奖状，或者使用小架子来展示手工艺品或其他小物件。

（3）分类整理作品。将孩子的作品进行分类整理，可以按照类型（如绘画、手工、奖状等）或时间顺序进行整理，这样不仅可以让展示角看起来更加整洁、有序，还能帮助孩子回顾自己的成长历程。

（4）添加个性化元素。让孩子选择自己喜欢的装饰物和颜色布置展示角，如孩子的名字、喜欢的卡通人物或标语等，体现孩子的个性和兴趣。

（5）定期更新展品。随着孩子的成长和进步，他们的作品会不断增加，可以定期更新展示的作品，或者添加新的展示板或架子来容纳更多作品。

（6）给予正面反馈。当孩子看到他们的作品被展示在家里，并得到家人的赞赏和认可，或者赢得来访客人、亲戚的夸赞时，会感到非常开心和自豪。因此，家长要给予孩子正面的反馈和鼓励，让他们感受到自己的努力和成就得到了重视和认可。

第二节
营造适宜学习的家庭心理环境

家长困惑

孩子上初中了,学习有点散漫。我骂他两句能抓紧一点,往上提几个名次。我不盯着就又"打回原形"了。导致我们骂他的次数越来越多。开始他还不吭声,后来居然学会顶嘴了,开始顶撞我们了!到现在已经几乎不跟我们说学习的事儿了。我也不想因为学习每次都发脾气,和他起冲突,可他确实还离我期望的样子差很远,真不知道怎么办才好了。

适宜孩子学习的家庭心理环境是指家庭成员之间亲密、友爱,彼此尊重、信任,相互包容、理解,这是孩子安心学习和快乐成长的重要保障。家庭物理环境可以快速建设到位,家庭心理环境则需要家长在日常生活中慢慢营造。

一、树立"爱学习"的榜样

当一个人做出某种行为并获得了某种物质或精神上的奖励,我们就会效仿这种行为。而当一个人做出某种行为并受到了批评与惩罚，我们就会避免做出这种行为。这种通过观察别人的行为和后果而模仿或避免的行为，在心理学中称为"观察学习"，我们通常把被观察学习的对象称为榜样。

学前及小学阶段的孩子爱模仿，尤其是身边人。家长作为孩子的"重要他人"，是孩子行为模仿的第一个"目标"。小时候，孩子会模仿家长笑，模仿家长说话，模仿家长走路……随着时间的推移，孩子从家长的言行中学到越来越多的东西。以孩子沉迷于手机这件事为例，很多家长问："为什么我的孩子一直吵着要玩手机、玩平板电脑？""手机一被收走，孩子就哭个不停，应该怎么办？"孩子的这些行为可能就是家长自身的一些做法导致的。家长应该先想想，当孩子吵着要跟自己玩的时候，是不是直接把手机给孩子，让他自己玩，只要孩子不吵就行了？是否自己总是边吃饭边看手机？是否自己只要在家就不停地玩手机？如果以上问题家长的回答都是"是"，那你实际上就为孩子做出了错误的示范，难怪孩子也会沉迷于手机、平板电脑等电子产品。

实验室

儿童观察学习实验

一、实验目的

比较和分析儿童目睹攻击性行为后的行为表现。

二、实验过程

实验者随机选取了两组儿童，一组为实验组，另一组为控制组。安排实验组儿童观看成人对充气娃娃进行攻击的情景，攻击行为包括拳打、脚踢、口骂等。然后把他们带到相似的房间里，里面有一个相似的充气娃娃，实验者通过单向屏观察儿童的行为。而控制组的儿童则观看成人平静地玩充气娃娃的情景，毫无攻击行为。随后他们也被带到相似的房间里玩相似的充气娃娃。

三、实验结果

实验者发现，实验组儿童的攻击性行为比控制组儿童的攻击性行为多得多（见表5-1）。这一结果验证了班杜拉的观察学习理论。

表5-1 实验结果

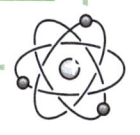

实验条件	攻击性行为的总量（得分）	
	行为上的（打）	言语上的（骂）
暴力模式（实验组）	12.73	8.18
平静模式（控制组）	1.05	0.35

心理学的许多实验证明，孩子会模仿周围人的行为。家长的行为正是通过这种机制影响着孩子的心理和行为。在孩子的成长过程中，家长是他们最先接触到的人，是他们最亲密、最重要的陪伴者，自然也是他们最先模仿的对象。人们常说，孩子是家长的影子，也是家长的一面镜子。很多时候，家长的言行举止会被孩子无声无息地复制，并以潜移默化的方式在他们今后的生活中重演。

托尔斯泰有句名言："全部教育，或者说千分之九百九十九的教育都归结到榜样上，归结到父母自己的端正和完善上。"想要孩子具有积极、主动的学习态度和专注、自律的学习习惯，最好的方式是自己先拥有它、实践它，并且做给孩子看，只有这样，家长的教育才能被孩子认可和接受。

现在全社会都提倡建设学习型家庭，家长应成为家庭中学习的主角，不仅要带头学习，为孩子做出学习的表率，更要和孩子一起学习，相互学习。学习型家庭是亲子学习的典范。家长要在孩子面前做终身学习的榜样，以自己的行动证明终身教育是贯穿一个人生命全过程的教育，学习应该成为家庭的重要功能，成为家庭的一种生活方式。比起把孩子送去补习班，这样的家庭学习氛围对孩子的成长更有效。

家长对学习的态度会时刻影响孩子的态度。家长应对学习持有积极、正面的态度，相信学习的价值，不断更新自己的知识，提升工作技能，通过自身在学习和工作中取得的进步向孩子展示学习的意义，激发他们对学习的热情。在生活中，家长可以拓展一些兴趣爱好，如在陪孩子学习的时候可以练习绘画、书法、插花、雕刻等，为自己的生活增添新鲜感。如果家长认为学习无用，或者认为学习是改变命运的唯一机会，自然就会潜移默化地影响孩子，从而使孩子的学习动机产生偏差。

家长还可以和孩子一起学。家长可以关注孩子的兴趣，寻找与孩子的共同语言，拉近与孩子的距离。例如，孩子喜欢打篮球，家长可以尝试和孩子一起练习，平时多了解一些篮球的历史、球队之间的对决、球星的特点和荣誉，掌握一些篮球规则，这样就会和孩子有更多的话题。孩子喜欢地理，家长可以多看一些地理书籍或纪录片，甚至"不耻下问"，向孩子请教一些地理知识，这会让孩子获得学习的成就感。与孩子的兴趣产生交集，家长可以走进孩子的内心世界，更有利于亲子间的平等交流和情感互动。有这样一个家庭，孩子无意中报名参加了一个观鸟兴趣班，父母虽然并不了解这个领域，但没有认为这是耽误学习，而是与孩子一起从零开始学习观鸟。在这个过程中，孩子的记忆力和学习力"碾压"父母，父母也"奋力追赶"，跟孩子一起研究鸟的种类、观鸟技术。节假日，全家出游的方式也变了，一家人去周围的公园、湿地观鸟，参加观鸟露营和比赛，打开了感知生活的新视野，亲子关系也更加融洽。

在信息时代、网络时代，如果不继续学习，每个人都会落后，家长要引导孩子树立终身学习的观念。正如陶行知先生所说"生活即教育"，学习是一种开放的学习，要向同学学习，向老师学习，向课本学习，向自然学习，向社会学习，向现代科技学习，向生活学习。学习可以丰裕整个人生。

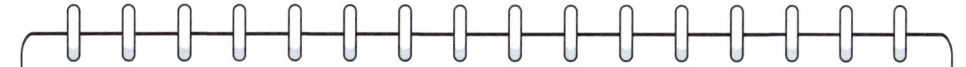

知识库

"好学"家长的一些表现

- 在家会读书、看报。
- 定期带孩子逛书店，让孩子选择喜欢的书。
- 与孩子讨论身边发生的事情，交换想法。
- 接触新事物时，会提问题、会思考。
- 遇到不清楚的问题时，会承认自己不懂。
- 不能回答孩子提出的问题时，会找资料或想其他办法回答。
- 接触到新的设备（如新电器、手机等）时，会看说明书，愿意探索和尝试。
- 培养爱好，并坚持。
- ……

二、建立和谐的亲子关系

和谐的亲子关系是营造良好家庭心理环境的基础，也是影响孩子学习情绪和学业成就的重要因素。大量心理学研究表明，良好的亲子关系能够让孩子更自信，拥有更强大的心理支持，并减少孩子各种负面情绪和问题行为。

一项基于大数据的分析发现，亲子关系的改善对孩子各方面的发展都有显著的影响，同样影响孩子的学习成绩。对小学生而言，亲子关系质量每提高10%，学习成绩就能提高4.01%，良好品德行为增加7.14%，对学校的归属感增加8.6%，网络成瘾倾向降低7.38%。对中学生而言，学习成绩能提高1.27%，良好品德行为增加5.12%，对学校的归属感增加6.09%，网络成瘾倾向降低6.2%。

"不提学习母慈子孝，一提学习鸡飞狗跳。"许多时候，家长对孩子的学业控制是影响亲子关系的重要原因。在传统教养观念的影响下，一些家长出于对孩子学习和教育的关心，强调对孩子的权威和控制，会干涉孩子的行为、思想和情感，甚至强势控制孩子的学习和生活，如直接替孩子做决策。尤其当孩子的成绩差时，家长会更加严格地管教孩子，对学习施加更多的压力，甚至采用过度控制和惩罚的方式逼迫孩子为学习付出更大的努力，加剧亲子之间的冲突，让亲子关系陷入困境。

家长对孩子学业的关注应当适度。家长确实应该密切关注孩子的学习情况，但又不应过度干涉。家长对孩子的学习大包大揽，容易使孩子产生依赖性，对学习产生惰性心理，在遇到学习困难时容易软弱、退缩，慢慢失去独自挑战学习的责任心和勇气。家长要清楚，现在帮孩子，是为了以后不帮孩子；现在教孩子，是为了以后不教孩子。因为家长迟早都要远离孩子，早则在初高中阶段，晚则在大学或参加工作以后。如果离开了家长的帮助，孩子就不会学习，或者不能坚持学习，那么这样的家庭教育无疑是失败的。

进入青春期后，出于"独立自主"的需要，孩子不再满足于按照家长对学习的规定和要求"照本宣科"，也不认可父母为自己安排的"最好的"道路，或者根本无意于父母眼中"最好的"未来。在这种情况下，如果家长一意孤行，继续忽视孩子在学习上的个人意愿，把自己的观点强加在孩子身上，双方就很容易爆发冲突。

在孩子的学习上，家长要适当"放手"。与盯紧每次考试和每道试题相比，更重要的是教会孩子科学的学习方法，培养学习兴趣，让孩子能够自主掌控学习，自主管理学习。松弛有度和自我把控的学习节奏，可以使轻松、信任和支持的亲子关系缓冲学习带来的压力，让孩子在学习的道路上走得更稳、更远。

总之，家长要认识到，对孩子一时学习情况的管理不值得以破坏亲子关系为代价。也就是说，家长在想要发火、控制不住自己的时候，可以扪心自问：为了这点事，破坏我们的亲子关系，让孩子怕我、恨我，值得吗？同时要明白，这样的学习过程对孩子的成绩提高与成长也同样没有意义。

三、设立合理的教育期望

教育期望是家长对孩子学业成绩和未来发展的关注和预期，突出表现为家长"望子成龙、望女成凤"的教育理念。一些家长对孩子的学习有种"荣辱一体"的思想，认为"孩子学习不好，我也面上无光"。很多心理学研究发现，家长过高的教育期望和过多的教育压力会增加中小学阶段孩子的心理健康风险。

边玉芳研究团队于2018年发布过一个较有影响力的调查报告：《全国家庭教育状况调查报告（2018）》。我们对全国近20万名四年级、八年级的孩子及班主任开展调查，结果显示，四、八年级学生均感受到家长对成绩有较高的期望。45.9%的四年级学生认为家长希望自己考到"班里前三名"，42.7%的八年级学生认为家长希望自己考到"班里前十名"。

教育期望可以有，但要合理、适度。合理的教育期望可以促进孩子的成长，这需要家长注意与孩子建立支持性的、充满关怀和信任的良性关系，正确认识孩子的能力和特点，还要循序渐进地帮助孩子成长。

美国教育学家和心理学家加德纳提出的多元智能理论认为，每个人都具有多种智能，如语言、数理逻辑、音乐、空间、身体运动、人际交往、自我认识和认识自然等能力，而且每个人的能力分布都各不相同。可以说，不同的孩子在不同的方面具有不同的发展天赋，"三百六十行，行行出状元"。孩子成才并不一定非要成绩优异、考试第一。孩子的发展是多方面的，不同的孩子有着不同的擅长领域，也有着不同的成长节奏。

合理的教育期望有助于孩子的成长，但当教育期望向学习成绩过度倾斜和集中，甚至变成"唯成绩论"时，一方面导致家长的教育焦虑，使家长看不到孩子身上其他的闪光点，无法给予孩子学习成绩以外的肯定和鼓励；另一方面也给孩子带来极大的学习负担，孩子的休息、娱乐和运动时间被不断叠加的试题、课外辅导所侵占，使其对学习产生消极情绪，丧失学习兴趣。

家庭教育的本质是帮助孩子养成良好的行为习惯，培养广泛的兴趣爱好，形成健全的人格和积极的心理品质。家长一方面要树立科学的家庭教育观念，遵循孩子身心发展规律，改变"唯有读书高"的观念与思想，充分考虑孩子的能力水平、兴趣爱好，为孩子的全面发展提供学习资源和学习环境，让孩子在适当的期望和压力下健康成长；另一方面要关注孩子学习的情绪状态和行为变化，增加亲子间的交流、沟通与信任，营造温暖、安全的家庭氛围，当发现孩子遇到困难和情绪低落时，第一时间进行疏导，给予孩子尊重、理解、支持及引导。

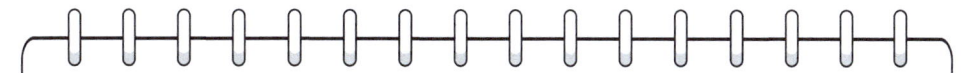

知识库

《中华人民共和国家庭教育促进法》对家庭教育内容的规定

第十六条　未成年人的父母或其他监护人应当针对不同年龄段未成年人的身心发展特点，以下列内容为指引，开展家庭教育：

（一）教育未成年人爱党、爱国、爱人民、爱集体、爱社会主义，树立维护国家统一的观念，铸牢中华民族共同体意识，培养家国情怀；

（二）教育未成年人崇德向善、尊老爱幼、热爱家庭、勤俭节约、团结互助、诚信友爱、遵纪守法，培养其良好社会公德、家庭美德、个人品德意识和法治意识；

（三）帮助未成年人树立正确的成才观，引导其培养广泛兴趣爱好、健康审美追求和良好学习习惯，增强科学探索精神、创新意识和能力；

（四）保证未成年人营养均衡、科学运动、睡眠充足、身心愉悦，引导其养成良好生活习惯和行为习惯，促进其身心健康发展；

（五）关注未成年人心理健康，教导其珍爱生命，对其进行交通出行、健康上网和防欺凌、防溺水、防诈骗、防拐卖、防性侵等方面的安全知识教育，帮助其掌握安全知识和技能，增强其自我保护的意识和能力；

（六）帮助未成年人树立正确的劳动观念，参加力所能及的劳动，提高生活自理能力和独立生活能力，养成吃苦耐劳的优秀品格和热爱劳动的良好习惯。

四、营造积极的情绪氛围

建设有助于孩子健康成长的家庭心理环境，不仅要建立融洽的夫妻关系和亲子关系，还要注重营造积极的情绪氛围。在家庭中，家长的情绪直接影响着每个家庭成员的心理状态和家庭的情绪氛围，也对孩子的情绪和人际交往有着重要影响。

良好的情绪氛围会让孩子感到自己是被接纳、被理解、被尊重和被关注的，从而可以安全地表露情绪，更好地调节情绪。另外，在积极表达情绪的家庭中，孩子能够表现出较强的社会能力，同伴接纳程度较高，并表现出更少的敌意、攻击等问题行为，成年后也能更好地经营亲密关系。

如果家长处于沮丧、焦虑、愤怒等消极的情绪状态下，孩子的情绪也会被家长的情绪和家庭情绪氛围所影响。一项针对美国家庭的调查研究发现，如果父亲或母亲患上焦虑症，那么与他们生活在一起的孩子患上焦虑症的风险是正常家庭孩子的七倍。而且，孩子也会"有样学样"，在与他人相处的时候，他们会采用家长的情绪表达和处事方式，不会控制和调节自己的情绪，或者不敢表露情绪，体会不到幸福感和安全感，不能与人融洽地相处。

（一）"陪读"就要心平气和

每位家长都深爱自己的孩子，可是当孩子不写作业、玩手机、早上磨磨蹭蹭不起床的时候，家长常常气不打一处来，忍不住吼孩子。这种情况存在于大多数家庭中，家长的不良情绪一旦发泄出来，就会和孩子产生激烈的冲突，引发家庭的"暴风骤雨"。

如今，家长的教育焦虑在情绪上主要表现为对孩子学习成绩、未来就业等方面的不安和恐慌，在行为上主要表现为对孩子学习状况过度关注、不自觉地控制孩子的学习行为等。例如，晚上陪孩子写作业，孩子不但不会做，还频频走神，磨磨蹭蹭很久写不完，家长的怒火瞬间就上来了，几乎不可能做到"心平气和"。

我们建议，家长如果要"陪读"，就要保证自己能够做到心平气和，如果你对自己毫无信心，几乎已经预感到了今晚又是一场"恶战"，那就干脆给孩子自主学习的空间，不要参与、干涉。也许你不在孩子身边，孩子反而能学得更快、更好。

家长还可以转换"陪读"的方式，不直接参与孩子的学习过程。孩子做作业，家长可以拿一本书在旁边读，或者打开计算机做自己的工作。让孩子意识到爸爸妈妈在跟他一起学习，也就足够了。孩子如果有问题求助于家长，家长再给予帮助。家长无法回答、解决不了的问题，可以让孩子明天请教老师。家长还可以与老师沟通，告诉老师孩子有这方面的问题，请老师帮忙解答；还可以鼓励孩子学会了之后回家教爸爸妈妈，这也是对知识的巩固过程。

（二）理性控制自己和孩子的情绪

稳定、平和的情绪是家长送给孩子最好的礼物。稳定的情绪，不是说没有负面情绪，或者无限压抑负面情绪，而是能处理好自己的情绪，正确表达情绪，避免不分时间、场合无法自控地发泄情绪。

美国心理学家埃利斯提出了情绪ABC理论。A代表事件，B代表信念，也就是对事件的看法，C代表自己产生的情绪和行为后果。人们通常认为事件（A）导致了情绪和行为后果（C），而这个理论认为，事件（A）只是引发情绪和行为后果（C）的间接原因，而直接原因是人们对事件（A）的信念（B），也就是我们对事件不正确的认知和评价。

埃利斯认为，正是我们常有的一些不合理的信念让我们产生了情绪困扰，甚至情绪障碍。例如，当因为孩子一次或几次考试成绩不理想而焦虑，或者因为孩子写作业磨蹭而暴跳如雷的时候，家长之所以无法控制情绪，关键是对孩子的学习和成长急于求成，抱有"恨铁不成钢"的教育观念。

家长缓解教育焦虑的第一步是改变自己的教育观念，这需要家长用理性的"成人心态"而不是"高期望"的"父母心态"来看待孩子的学习。教育从来不可能是一蹴而就的，孩子的成长需要时间，他们的心智发育和行为控制能力都不足，知识和道理从接收、理解到践行，需要一定的时间，是急不来的。明白了这一点，家长就可以放平心态，从孩子的视角来看待问题，多一些理解和包容，少一些急躁和焦虑。

当然，在生活中，家长有负面情绪是非常正常的，但并不是全部因为孩子。很多亲子冲突是因为家长在生活中本身就积累了一些负面情绪，当看到孩子的行为时猛然爆发出来。这时，家长将自己的负面情绪"转嫁"

到了孩子身上，孩子当了"替罪羊"。因此，家长要及时反思不良情绪的来源，及时化解，切断坏情绪的传递链条，避免出现"踢猫效应"，不让负面情绪成为伤害孩子的源头。

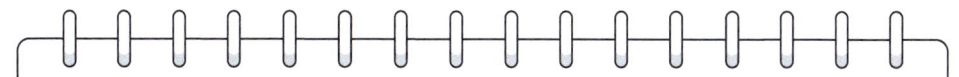

知识库

踢猫效应

一位父亲在公司受到了老板的批评，回到家就把在沙发上跳来跳去的孩子臭骂了一顿。孩子心里窝火，狠狠去踹身边打滚的猫。猫逃到街上，正好一辆卡车开过来，司机赶紧避让，却把路边的孩子撞伤了。

这就是心理学上著名的"踢猫效应"，描述的是一种典型的坏情绪的传染所导致的恶性循环。人的不满情绪和糟糕的心情，一般随着社会关系链条的等级和强弱依次传递，无处发泄的最弱小者便成了最终的牺牲品。在家庭里，孩子处在最弱势的位置，往往成为坏情绪的最终受害者。

家长在平时要多关注自己的情绪，除了调整对孩子学习的认知，还可以使用一些平复情绪的方法，如"肌肉放松法""蝴蝶拍""冥想"等，也可以通过运动、音乐、倾诉来转移注意力。从长远来看，家长更应该积极寻求家庭、社会的支持，调整情绪状态，自己好起来，这样才能带动孩子，营造和谐的家庭氛围。

对于孩子在学习中出现的各种情绪，家长要给予及时关注和正确引导。首先，家长要有"高接纳性"，无条件接纳孩子的所有情绪，既要接受孩子的积极情绪，更要包容孩子的消极情绪。其次，家长要有"高反馈性"，对孩子的情绪给予共情并做出反应，也就是说，家长需要从孩子的角度理解孩子的情绪及情绪产生的原因，帮助孩子调节消极情绪。最后，家长要有"高预测性"，学会合理地表达情绪、调节情绪，让孩子熟悉自己表达情绪的方式，以便其能够更好地预测家长的情绪状态，从而获得安全感。

五、保持亲子沟通顺畅，妥善处理亲子冲突

家长和孩子本应是关系最亲密的人，可是孩子到了小学高年级和初中，双方就开始变得像"仇人"一样，一言不合就吵架。家长抱怨孩子不跟自己沟通，孩子嫌家长管得太多，三句话不离学习："只要我妈往我跟前一站，我就知道她要说什么，'作业写完了吗？怎么又错这么多？其他人考得怎么样？'这时候我就想把她推出我的房间，再也不要进来。"这是很多家庭亲子沟通中发生冲突的真实写照。

尤其是到了青春期，孩子的自主意识不断增强，思维水平也不断提升，对学习和生活都形成了自己独特的认识，而且敢于挑战家长的管控，家长会觉得孩子总是"唱反调"。当孩子独立自主的需求和家长的"控制欲"相撞时，亲子冲突就在所难免。

青春期的亲子冲突多与孩子的学习相关，如电子设备的使用、作息安排、作业的完成程度及学习的积极性等。对于孩子的学习，家长经常忧心忡忡："都上初三了，每天还手机不离手，我说他两句，他还不乐意听。""我想和孩子好好沟通，但是看到他一点不着急的样子，我就想骂

人。"家长迫切希望孩子积极、主动地学习,成绩不断进步,为此强制性要求孩子在课余时间补课,给孩子布置额外的家庭作业,由此产生的孩子厌学、沉迷于网络游戏、成绩下降成为青春期亲子冲突的主要问题。

从本质上说,亲子间在学习上的冲突并不是家长和孩子之间存在天然的隔阂,而是为了解决孩子在学习上遇到的困难或危机。因此,发生亲子冲突并不可怕,妥善解决冲突反而可以增进亲子关系,解决孩子的学习问题。可怕的是亲子冲突成为双方情绪发泄的出口,导致问题没有解决,亲子关系恶化。对孩子来说,家庭是身心发展的重要环境,家庭成员在沟通方面存在问题时,也会影响家庭成员人格、心理等方面的发展情况。

知识库
孩子最不想听到家长说的话

让孩子对家长的爱产生怀疑的话:"你快点走开,我看到你就觉得烦!""我怎么会生出你这个笨蛋呢?""算了,你没救了!"

不听解释,责备孩子的话:"我就知道会这样!""这种题都不会做,你在学校都干啥了啊?"

将孩子与其他孩子相比较的话:"看看人家某某,你怎么就赶不上人家啊!""你看看某某,学习好,又听话,再看看你,怎么这么没出息!""你要是有某某的一半好,妈妈就不用这样头疼了!"

威胁的话:"你再这样,我就不管你了!""你快点写作业,否则等爸爸回来看到你还在看电视,爸爸就要发火了。"

找借口的话:"我们这都是为了你好!""等你长大了,自然会明白我们这么做的苦心!"

拒绝商量的话:"不准你这样!""没有原因,我说不行就是不行!""别再跟我讨价还价!"

反着说的话:"你爱怎么着就怎么着,谁管得了你啊?!""那你继续玩吧,我不理你了。"

家庭支持是孩子应对学习困难和成长危机的重要力量,当孩子遭遇学业危机和生活困扰时,家长要给孩子表达情绪和感受的机会,耐心地倾听孩子的心声,平静、理性地与孩子沟通。很多时候,亲子冲突都是因为"一言不合",家长需要注意的是,在任何情况下与孩子的沟通都是为了帮助孩子解决学习上的问题,理顺亲子关系,而不是为了发泄自己的焦虑。因此,冲突发生时,家长要及时反思和调整与孩子沟通的方式,避免自己成为孩子更大危机的制造者。

第五章　为孩子提供良好的学习环境

第三节

在家庭活动中促进孩子学习

家长困惑

我总觉得孩子在学习以外的活动上投入的时间太多了，时间都被他浪费在玩耍和各种兴趣活动上了。尽管我也知道全面发展很重要，但每当看到孩子在做别的，没学习的时候，我仍然不自觉地会感到焦虑，担心这些"非学习"活动会分散他的注意力，影响学业。我希望能找到一种平衡，既能让孩子在活动中得到放松和快乐，又能潜移默化地促进他的学习与发展。该怎么做呢？

很多家长抱有"学习至上"的观念，认为除了学习，任何其他活动都是浪费时间，因此限制孩子的玩耍、旅游、体育运动、社交活动，也不愿让孩子参与家务劳动、家庭事务。诚然，学习是孩子的第一要务，但绝不是生活的唯一内容。家长要放下对"有意义"的执念，不要一味用功利化的标准设计孩子的生活，应尽可能地创造丰富多彩的家庭活动。而且，家庭活动与孩子的学习也并非是完全冲突的关系。相反，如果家长心思巧妙、设计恰当，那么家庭活动也能促进孩子的学习。

一、什么是家庭活动

2021年颁布的《中华人民共和国家庭教育促进法》明确了家长在实施家庭教育的过程中，要"相机而教，寓教于日常生活之中"。在家庭生活中，家长与孩子之间开展的各类活动对孩子的认知、情感、语言、身体等方面的发展有着深刻影响。

家庭活动是指家庭内父母与子女之间以亲子感情为基础发生的一系列活动，是父母与子女之间交往和情感连接的重要桥梁，是培养儿童和青少年情绪、情感、性格、行为、智力及价值观的重要途径。

家庭活动有多种形式，有照料孩子的饮食起居、培养生活习惯等生活照料类活动；有和孩子一起进行的娱乐活动、社交活动等情感、社会类活动；有指导孩子制订学习、活动计划，参与家务劳动等决策执行类活动；也有与孩子一起读书、协助完成作业等教育指导类活动。

二、家庭活动的作用

生活即教育。教育家陶行知先生认为，人与生活产生了关系，以生活为中心，便产生了教育。教育其实和每个人的生活都密不可分，融合在每个孩子的日常生活中，家庭活动尤其如此。我们应该使家庭活动融入教育，让家庭教育充满生活之美，在家庭活动中促进孩子的学习和成长。

随着现代社会的不断发展，家庭教育理念也不断更新和发展。家庭活动作为家长与孩子之间的一种重要的互动方式，可以培养良好的亲子感情，在孩子的成长过程中发挥着极为重要的作用。家长与孩子共同游戏、阅读、体育锻炼、户外游玩和日常生活等，这些家庭活动丰富了家庭教育的形式和路径，可以显著提升家庭教育的有效性，有助于孩子的学习、成长和全面发展。

（1）提高认知能力。各种形式的家庭活动，如阅读、拼拼图、做科学实验等，都能够激发孩子的好奇心，促使他们主动思考和探索，不仅有助于拓宽孩子的知识面，还能锻炼他们的观察力、思考力和创造力，为未来的学习和发展奠定坚实基础。

（2）培养社交能力。在家庭活动中，孩子需要与其他家庭成员合作、分享和协商，他们从中学会如何与他人相处、如何表达自己的观点和需求、如何解决冲突等社交技能。这对孩子未来的社交和职业发展都至关重要，也能帮助孩子习得获取学习资源、参与同伴学习等学习策略。

（3）促进身心发展。通过参与运动、户外探险等活动，孩子能够锻炼身体、增强体质，同时能够释放压力、缓解焦虑情绪、增加自信心和勇气，从而更敢于尝试新事物和面对挑战。生理状况是学习的基础，良好的身体状态、充足的睡眠、健康的体魄，能帮助孩子应对更重的学习任务和更大的压力，提升学习效果。

（4）增进亲子关系。与家长共同参与活动，孩子可以感受到家庭的温暖和支持，增强自信心和安全感。心理学研究表明，家庭活动的频率和时长能显著预测父母和孩子的家庭满意度。家庭活动越频繁、时间越长，家长和孩子对家庭生活的满意度越高，家庭成员之间的关系也越亲密。

三、开展家庭活动的注意事项

与幼儿园和中小学有计划、有目的、有组织的学校教育活动相比，家庭活动更加灵活，更加随机，也更加具有自主性。因此，家长可以根据孩子的性格特点、家庭成员的具体情况及家庭环境的客观因素等条件，制订出合理的家庭活动计划。

首先,根据孩子的成长阶段合理安排家庭活动。例如,在学前阶段,适合安排亲子阅读、绘画和手工、角色扮演等简单、有趣的活动;在小学阶段,可以安排家庭科学实验、户外运动、烹饪、短途旅行、参观博物馆等既有趣味性又富有教育意义的活动;在中学阶段,可以安排注重思维训练、情感交流及实践能力培养的活动,如家庭辩论会、读书会、家庭电影之夜、体育比赛、长途旅行或探险、志愿者活动等,能更好地帮助孩子成长。

其次,结合不同类型活动的价值,安排多样化的家庭活动。根据孩子的需要,组织更加丰富、形式多样的活动,不仅可以帮助孩子积累丰富的生活经验,还能为孩子提供展示自己的空间和平台。例如,在体育比赛中锻炼身体素质和意志,在家务劳动中培养动手能力,在旅行参观中开阔视野。

再次,家庭活动的类型和安排应考虑孩子的意见,让孩子参与家庭活动决策和为活动做准备,孩子会对活动有更多认同感。尤其对年龄稍小的孩子来说,参与和准备的过程会让其觉得自己是家里不可或缺的成员,可以发挥很大的作用,有一种成就感。无论是家庭活动的选择还是前期准备的阶段,都可以给孩子参与其中的机会。

最后,父亲应当积极参与家庭活动。父母在家庭活动中往往扮演不同的角色,例如,母亲会花更多时间与孩子一起参与家庭活动,而父亲参与得更少;母亲会更多地参与阅读、字谜或棋类游戏活动,父亲会更多地参与体育或户外活动。但普遍来说,母亲对家庭活动的参与和介入往往更多,我们要关注父亲的参与。父亲的参与有助于增进亲子关系,让孩子感受到父亲的责任担当;为孩子提供思考问题和解决问题的不同视角和经验；减轻母亲的育儿负担，增进夫妻间的沟通和理解，促进家庭和谐与幸福。

四、根据家庭活动类型设计促进孩子学习的活动

根据家庭活动的日常性和组织难易程度，我们将家庭活动分为两种：一种是核心型家庭活动，另一种是平衡型家庭活动。

核心型家庭活动是指日常生活中低成本的、相对容易的、多在家里发生的活动，如一起吃饭、饭后散步、亲子共读等，这些活动简单易行，成本较低，便于在家庭活动中进行。

平衡型家庭活动是指不常发生的、新奇的、户外的活动，如户外体育运动、志愿服务、文化体验、旅行观光等，这些活动需要家庭成员投入更多的时间和精力。

尽管核心型家庭活动和平衡型家庭活动在形式和内容上有所不同，但它们都是家庭生活的重要组成部分，都能够促进家庭成员之间的互动和交流，增进彼此之间的了解和信任。根据孩子的年龄、学习状况和兴趣爱好，合理安排这两种类型的活动，可以让家庭活动更加丰富，为促进孩子学习提供多样化的路径。

（一）核心型家庭活动

核心型家庭活动通常包含在家庭日常生活中，简单易行，不需要特别的技能或装备。家长和孩子容易参与和投入，可以建立和维护亲密的亲子关系，在点滴生活中促进孩子的学习和成长。有研究表明，家长陪孩子吃晚饭的频率越高，孩子的学习成绩越好；家长陪孩子散步、运动的频率越高，亲子关系越好，网络成瘾和学习问题越少；和家长一起看电影越多，

孩子的亲社会行为越多，感恩意识也越强。

1. 一起吃饭

这是最常见的核心家庭活动之一。2016年浙江省中小学教育质量综合评价监测结果显示，去补习不如吃早餐，孩子吃早餐次数越多，成绩越好。无论是四年级还是八年级，每天吃早餐和不吃早餐的学生，成绩最大分差竟然达到50~70分！每天吃早餐的孩子相当于多接受了1~1.5年的教育，效果比周末上培训班好很多。早餐是大脑活动的能量源泉，不吃早餐，身体缺乏充足的能量供应，孩子在课堂上就会感到疲劳、精神无法集中、反应迟钝，学习成绩自然受到影响。一起吃饭的时候，家长和孩子可以聊开心的话题，如学习进步、学校趣闻、今天哪道菜好吃等，不要让考试失败、被老师批评等沉重的学习话题出现在饭桌上。

2. 一起做饭

挑选一些简单易懂、食材易得的食谱，如水果沙拉、简单的三明治或烘焙小点心等，根据孩子的年龄和能力，分配适合他们的烹饪任务，如年龄较小的孩子可以负责搅拌、切水果或摆放餐具，年龄较大的孩子可以学习如何烹饪简单的菜品；在烹饪过程中，向孩子解释每个步骤的目的和方法，教孩子厨房用品的使用方法和安全知识，鼓励孩子在烹饪过程中发挥创意，尝试新的食材和做法。即使结果可能不尽如人意，也要给予孩子积极的鼓励和肯定。

3. 饭后散步

散步是一种非常日常的家庭活动，不仅能增进亲子关系，还能让孩子在轻松的氛围中放松身体、接触大自然、观察生活。散步不仅仅是牵着孩子的手走完一段路程，它可以变得很有趣。可以为每次散步设定一个主题，如"寻找自然中的颜色""动物大侦探"或"历史故事寻踪"，引导孩子寻找特定的物品、观察特定的现象或讲述相关的故事；可以在经常散步的路线上藏一些"宝藏"物品，如小玩具、彩色石头或纸条等，在下一次散步的时候让孩子去寻宝，大大增加孩子探索的乐趣和对散步的期待；可以在散步的时候给孩子听听音乐，或者带上简单的绘画工具，如彩笔、纸张或画板，这不仅可以培养孩子对艺术的兴趣，还能加深他们对环境的感知和理解；可以邀请同龄的小伙伴一起散步，孩子们之间的互动和玩耍既能让散步的快乐加倍，也能促进他们社交能力和合作精神的发展；可以灵活更换散步的路线，探索新的地方和风景，让散步的过程充满惊喜。

4. 亲子共读

亲子共读是家长和孩子共同阅读的活动。家长可以选择与孩子年龄和兴趣相符的读物，如绘本、童话故事或科普书籍，以及经典或获奖作品。和孩子约定在每天或每周的固定时间一起阅读，如睡前或周末的某个时间段，让孩子形成定期阅读的习惯。可以和孩子轮流朗读书中的段落，既锻炼孩子的口语表达能力，也让他们更加专注地聆听和理解故事。在阅读过程中，家长可以适时提问，引导孩子思考故事情节和人物性格；读完一本书或一段故事后，可以与孩子讨论其主题、寓意或道德观念，加深他们对故事的理解。要注意，阅读还应该和孩子的生活联系起来，如在春天来临时，读一些关于植物生长的书；在中秋节时，读一些与月亮和团圆有关的故事。如果阅读的是科普类书籍，就可以鼓励孩子动手做一些简单的实验来验证书中的知识，如在春分节气尝试把鸡蛋立起来；如果阅读的是故事性强的书籍，就可以和孩子一起进行角色扮演，如《小红帽》《狼和小羊》等。

5. 正念冥想

在家庭生活中，家长的生活压力和教育焦虑可能在不经意间"塑造"出压力过大的孩子。很多孩子忙于家庭作业、各种课程和活动，缺少与自己安静相处的时间，无法认识自我和周围的世界，最终成为一个"空心人"。正念冥想是指个体不加批判地将注意力集中于当下体验的一种积极心理干预方法，强调个体调动自身的力量去进行自我疗愈。脑科学研究发现，正念能促进大脑前额叶皮层控制能力的发展，如专注力和认知控制，由此对孩子的自我调节能力、判断力和耐心产生特殊影响。许多研究和实践显示，正念冥想可以帮助孩子强化情绪调节功能，减少焦虑、忧郁等负面情绪，提升注意力和记忆力，培养正念、同理心、慈爱、宽恕、耐心等积极心理特质，还可以帮助孩子改善人际交往和社会能力。正念冥想适合不同年龄、不同背景的人，也适合在家庭中开展。家长并不需要提前成为正念冥想的专家，可以和孩子共同学习、一起训练。

6. 知识竞赛

在家庭中安排"知识竞赛"，不仅有助于孩子积累知识，还能增强孩子的学习兴趣。家庭知识竞赛的主题和类型可以非常丰富，举例如下。

（1）百科知识竞赛。这种竞赛可以涵盖各个领域的知识，如科学、历史、地理、文学、艺术等。家长可以准备一系列问题，让孩子回答，测试他们的综合知识。

（2）主题知识竞赛。选择一个特定的主题，如恐龙、太空、汽车、兵器等，然后准备与该主题相关的问题。这种竞赛可以让孩子更深入地了解他们感兴趣的主题。

（3）问答接力赛。家庭成员分成几个小组，每个小组轮流回答问题。如果某个小组答不出问题，则轮到下一个小组。这种竞赛形式可以增加互动性和竞争性。

（4）猜谜游戏。准备一些谜语或脑筋急转弯问题，不仅可以测试孩子的知识水平，还可以锻炼他们的思维能力。

（5）拼图或模型制作竞赛。这种竞赛更注重动手能力和创造力。可以提供一些拼图或模型制作材料，和孩子在规定时间内分别完成作品，然后评出最佳作品。

（6）成语接龙或歇后语比赛。可以锻炼孩子的语言表达能力，增加词汇量。例如，孩子先说："沙滩上走路。"爸爸回答："一步一个脚印。"爸爸接着说："哑巴吃黄连。"轮到孩子回答，看最后谁能接得最长。

（7）创意写作竞赛。看完一场电影或旅行回来后，和孩子一起在规定时间内进行创意写作。完成后，互相阅读并评价作品，选出最佳作品。

（二）平衡型家庭活动

在家庭教育中，家长不仅要重视吃饭、散步等日常的核心型家庭活动，也要结合孩子的兴趣和个性，和孩子一起组织多样的平衡型家庭活动。例如，可以和孩子约定，每天或每周安排一段相对固定的时间作为亲子专属时光，在这段时间和孩子一起逛书店、看电影、逛博物馆等，与孩子一起创造美好的回忆。这样做既能帮助孩子劳逸结合、适当放松，也有助于家庭成员之间建立亲密、和谐的关系，促进孩子身心健康成长。另外，因为平衡型家庭活动需要更多设计和参与，所以能够更好地锻炼孩子相关的学习能力，建立学习与生活的联系。

1. 户外体育运动

体育锻炼仅仅靠学校的体育课远远不够。在家庭活动中增加丰富多样的运动，不仅能提升孩子的运动能力，让孩子养成热爱运动的习惯，还能在运动中增进亲子关系。户外体育运动还能增强孩子的意志力、抗挫力，野外活动还能够让孩子将地理知识、生物知识等运用到活动设计和安排中。

（1）跑步。跑步是7岁以上孩子最好的锻炼身体的方式，它是发展孩子平衡能力和肢体力量的有效手段。跑步不仅能够强身健体，更是一种意志力的锻炼。家长需要教孩子一些跑步的技巧和自我保护的方法，在跑步时可以设定一个小目标，如跑完公园一圈或达到一定的距离，让孩子在达成目标的过程中感受到坚持到底的成就感。

（2）跳绳。跳绳最大的特点是简单、易操作，不需要特定场地，可以锻炼孩子的心肺功能、协调性和节奏感，也帮助孩子在学校体育课上表现出色。

（3）游泳。游泳是一项全身运动，对孩子的身体发育和心肺功能都很有益。可以带孩子去游泳池或海滩，教他们基本的游泳技巧。在确保安全的前提下，鼓励孩子尝试不同的游泳姿势和动作。

（4）球类运动。足球、篮球、羽毛球、乒乓球等都是很好的选择，这些运动可以锻炼孩子的身体协调性、反应能力和团队合作能力。家长可以陪孩子一起打球，或者组织一些小型的家庭比赛，增加运动的趣味性。

（5）瑜伽或拉伸运动。瑜伽或拉伸运动可以帮助孩子放松身心，提高身体的柔韧性和灵活性。

（6）户外活动。不要把孩子和自己困在"钢筋水泥的丛林里"，多陪孩子去有山、有水、有花草、有树木的地方，从书桌前走到户外，亲近自然。户外活动有很多形式，春暖花开的时候去露营，冬天来临的时候去滑冰、滑雪，都可以让孩子和大自然亲密接触，远离电子产品，不去想考试和成绩，在青山绿水中放松身心。

（7）爬山。在天气晴朗的假日，可以带孩子去爬山，开阔孩子的视野，锻炼孩子的身体，培养孩子战胜困难的意志和品质。

（8）骑自行车。骑自行车可能是父母陪孩子掌握的第一个"专业技能"，不仅有趣，而且可以促进孩子骨骼和肌肉的发育。等孩子到了一定年龄后，可以一起到户外骑行，既融入自然，又锻炼身体。

2. 志愿服务

和孩子一起参加志愿服务活动是一种非常有意义的家庭活动，可以培养孩子的社会责任感，塑造正确的价值观和道德观，也可以帮助孩子了解各种社会知识。家长可以带孩子选择参与各种社区或慈善机构组织的志愿服务项目，包括社区清洁、义务教育、帮助弱势群体、环保活动、志愿小记者、博物馆讲解员等。家长引导孩子通过实际行动将关爱和帮助传递给需要的人群，有助于培养孩子的协作能力、沟通技巧和问题解决能力；让孩子更好地了解社会问题和他人的困境，培养同理心和关爱他人的能力；激发孩子对社会问题的关注和积极的社会参与意识，培养他们成为负责任的社会成员。例如，居住在沿海地区的家长可以带孩子参与"保护海洋、清理海滩垃圾"的志愿服务，孩子能够了解海洋垃圾的种类、危害、对海洋生物的不同影响，促使孩子建立不乱扔垃圾、节约资源的良好生活习惯。

3. 文化体验

家长可以根据孩子的兴趣和年龄，有选择地参观博物馆、科技馆、艺术展、历史遗迹，参加读书沙龙等。家长可以事先准备一些相关的问题，或者让孩子自己通过书籍、互联网初步了解展品、活动目的，在活动中鼓励孩子提问、观察和求证，思考展品背后的故事和意义。此外，博物馆或艺术展常常提供一些互动设施或活动，如天文馆有关于宇宙的科普影片，科技馆有专题讲座，博物馆有木工、雕刻等体验活动，可以让孩子在玩乐中学习和增长知识。

4. 旅行观光

"读万卷书，行万里路。"旅行让孩子有机会亲身接触和体验不同的文化、风景和人群，看到不同的生活方式，了解不同的历史背景，这种直接的体验比书本上的知识更生动、更深刻，有助于孩子形成更加全面和丰富的世界观。家长可以有目的地选择旅游地点，如孩子在小学四年级学习《观潮》这一课，可以择机带孩子去钱塘江身临其境感受一下潮来前、潮来时、潮去后的奇特、雄伟、壮观的景象；或者带孩子去看看兵马俑、明长城、都江堰等，让书本中的知识与生活建立连接。

如果一家人要去露营，就可以让孩子记下要准备的物品，临走前让孩子检查有无遗漏。随着孩子年龄的增长，家长可以将更多的"权力"交给孩子，让孩子帮忙设计旅游目的地、选择旅游路线、确定住宿地等。这些事情都可以锻炼孩子的组织筹划能力，锻炼其独立性。活动结束后，家长还可以鼓励孩子将所见所闻形成作文、短视频等成果，为作文写作、班级分享等积攒素材。在家庭活动中养成的果断、坚持、勇敢的品质会让孩子在遇到学习困难、挫折时愿意继续坚持、迎难而上。

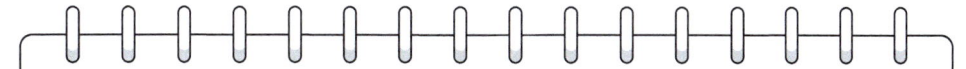

知识库

外出旅游的准备工作——将所学知识融入生活

家庭成员一起外出旅游，是家庭美好的记忆。为了让出游更顺利，事前准备是很有必要的。让孩子参与准备工作，可以引导孩子将所学知识与生活融合。

（1）留心天气预报，确定是否准备防晒霜、太阳镜、雨伞或雨衣等。孩子可以对比目的地和家乡的天气是否存在差异。通过引导孩子思考天气存在差异或不存在差异的原因，让孩子理解地理位置、地形等对天气的影响。

（2）预订酒店。让孩子通过地图查找经过的景点、路途等，选择最合适的酒店。这既能考查孩子的地理知识掌握情况——对地图和方位的识别，还能让孩子用数学知识解决实际问题——找出到达多个景点的最短路径和合适的住宿地点。

（3）了解当地的文化风俗，以及景点的历史文化背景。让孩子通过上网搜索相关信息、查阅书籍等，了解当地的城市概况、地理信息、人口信息，以及每个景点的历史文化背景、旅行地图等。提前了解这些信息可以提升旅游体验和感受，同时运用已学习的历史知识。

（4）了解当地不一样的规则、"禁忌"。不同的地方有不同的习俗和规则，在出游前需要提前了解。例如，在柬埔寨，见面时要行双手合十礼。拜访柬埔寨朋友，要事先约定时间，并按时赴约。在新加坡不能把口香糖吐到地上，坐地铁不能吃东西，不能带榴莲上公共交通工具，乱扔烟头、吐痰、横穿马路会罚款。在伊斯兰国家不能主动和女性握手，不可对当地女性拍照。可以引导孩子思考为什么会有这些规则，这些规则和当地的文化、历史、宗教、社会制度等有什么关系，让孩子结合地理、历史等相关知识思考。

（5）了解当地常用的交通工具，选择合适的出行方式。出游时，可能每天都需要使用当地的交通工具，家长可以让孩子提前了解当地常用的交通工具及计费方式，然后推荐性价比最高的出行方式。这可以锻炼孩子使用数学知识解决实际问题的能力。

还有很多旅途的准备工作都能与孩子所学的知识结合起来。家长多引导、多提问，孩子在旅行中不但能开阔眼界，还能锻炼各种能力。

总之，随着"双减"政策的实施，孩子的课余时间更加宽裕。比起塞给孩子越来越多的网络辅导课、参考书和练习题，让孩子整天陷在无止境的题海中，组织丰富多彩的家庭活动，在活动中促进孩子学习和发展更具有积极意义。

第四节
家校合作，为孩子学习提供强大合力

家长困惑

我知道要积极地和老师沟通，尤其是孩子成绩下滑的时候。但每次想和老师了解一下孩子在校的情况，又不知道该说什么，问一句："我家孩子最近学习状态怎么样？"老师总说："挺好的。"问了几次也没什么意思，后来也就不怎么和老师沟通了，孩子的问题还是没有解决。究竟该如何跟老师沟通，才能真正帮到孩子呢？

美国著名社会学家科尔曼通过数年的调查研究发现，影响儿童成长的三大要素依次是家长、同伴和教师。学校是孩子接受教育的主阵地，课堂是孩子学习知识的主要场所，因此提到孩子的学习就一定要提到学校教育。家长可能认为自己难以影响和干预孩子在学校的学习，其实不然。家长主动参与学校教育，会增强学校教育的效果；反之，家长较少参与学校教育，学校教育的效果就会削弱甚至消失。家校协同，形成合力，才能为孩子的成长提供更优质的学习环境和支持。

一、积极参与并配合学校教育

教育家苏霍姆林斯基曾说:"没有家庭教育的学校教育和没有学校教育的家庭教育,都不可能完成培养人这样一个极为细微的任务。"由此可见,家庭教育和学校教育的配合对孩子的学习和成长非常重要。

有的家长认为教育孩子是学校的事,把孩子送到学校后就当起了"甩手掌柜";有的家长因为害怕被批评、被找谈话、被比较、不自信,所以回避参与学校教育;在孩子上了中学后,有的家长一方面在学习上插不上手,另一方面认为孩子长大了,可以自己处理学校的事情,家长似乎做不了什么,家校合作往往成为一种空谈。

中小学阶段是孩子身心迅速发展的阶段,他们人生观、世界观、价值观的形成需要家长密切关注和积极引导。与家长相比,学校在教育方面更加专业,教育资源更加丰富,可以帮助家长更新教育理念,提高家庭教育水平。家校合作就是家庭和学校共同承担孩子成长的责任,家长参与学校教育、学校指导家庭教育,相互配合、相互支持,促进孩子更好地成长。

家长参与学校教育的类型和层次有很多,其目的也不同。根据以往的研究,家长参与可以分为六个层次,由低到高依次是双向沟通、协助子女学习、参与家长组织和活动、协助学校运作、咨询校政、参与决策,具体如表5-2所示。

表5-2 家长参与学校教育的层次

层次	家长参与的内容	家长参与的事例	关注要点
1	双向沟通	• 与学校通过电话联系 • 接收通知并回应 • 出席家长会	学生发展

续表

层次	家长参与的内容	家长参与的事例	关注要点
2	协助子女学习	• 在家督导子女 • 参与亲子专题研习 • 照顾子女生活	学生发展
3	参与家长组织和活动	• 组织家委会 • 为学校筹款 • 参与学校研讨会	家长发展
4	协助学校运作	• 协助组织课外活动 • 协助课堂教学 • 义务参与图书管理	
5	咨询校政	• 对课程改革提出意见 • 家长代表参与学校有关咨询委员会 • 向校领导反映家委会有影响的意见	学校发展
6	参与决策	• 加入学校管理委员会 • 决定老师的聘任和晋升 • 校务决策	

目前，家校合作更多的是学生发展（双向沟通、协助子女学习），其次是家长发展（参与家长组织和活动、协助学校运作），而关于学校发展（咨询校政、参与决策）的活动和行为较少。

尽管家长参与学校教育的层次不同、类型不同，甚至次数也不同，但是只要尽力支持学校教育，就是在无声地告诉孩子"学校教育很重要""家长信任学校和老师"，孩子能感到家长的支持和信心，内心更有安全感，更愿意跟随学校和老师的指导。许多研究都表明，父母参与学校教育程度较高的孩子成绩较好、出勤率较高，完成作业情况也较好。

家长配合学校和老师的教育，也能让老师对孩子的情况更加了解，包括孩子在家的表现。在清楚了解孩子的表现后，老师可以进行有针对性的教育、教学活动。对于积极配合学校教育的家长，老师自然而然对孩子产生更积极的期望，认为孩子是有潜力的。而老师对孩子的积极期望也会促进孩子成长和进步。

幼儿园和中小学越来越重视自身在提升家长家庭教育能力方面的责任，很多学校开设了家长学校，定期或不定期举办家长会、家访、家长开放日、亲子运动会等活动，向家长介绍学校和孩子的发展情况，宣传科学的家庭教育理念，介绍具体、有效的家庭教育方式和做法等。通过这些活动，家长可以亲身感受孩子的学校生活，了解他们在学校的表现和问题，同时更好地理解学校和老师的教育理念，加深与学校和老师的交流。

一般来说，学校提供的家长参与学校教育的活动形式有以下几种，家长可以根据自己的情况，选择适合自己的活动形式。

1. 家长会

家长会是家校沟通最主要的途径之一。对老师来说，家长会的主要目的是向家长展示孩子在学校的学习和生活状况，介绍学校近期的重要工作，传达科学的家庭教育理念。对家长来说，通过家长会不仅能更多地了解孩子在校情况、学校的规章制度和政策，还能结识其他家长，共同讨论孩子成长的问题。因此，家长会既是家校共育的平台，也是家长与家长沟通交流的平台。同时，对孩子来说，家长重视家长会，也从侧面反映了家长对自己的重视，尤其对于年龄较小的孩子，家长的关注是对孩子最好的激励。

2. 家访

家访是连接学校教育和家庭教育、实现家校互动的重要途径，也是解决个别家庭教育问题的常用方式。与家长会面向所有学生不同，家访常常与个别学生相关联，因而有些家长对家访是有些抵触的。也有人提出疑问，现在的沟通方式这么便利，家访好像并不是必要的。但其实，"面对面"家访的沟通效果是电话或互联网"键对键"沟通的寥寥数语远比不上的。一次家访就能帮助老师更全面、深入地了解孩子的情况。一般来说，老师是带着目的来家访的，会对整个家访过程做好专业把控，家长要做的就是真诚而有礼貌地就相关问题与老师进行深入沟通。家访本质上是一个双向了解的过程，老师在考察、了解家长和孩子的同时，家长和孩子也在观察、审视老师，因此家长无须过度焦虑，也不用过度解读老师家访的特殊用意，放松心态与老师自然互动即可。

3. 家委会

家委会即家长委员会，是在学校的引领和指导下，由家长和老师推荐、选举产生的家长自治组织，在职能上代表全体学生家长参与学校管理工作，是家长与学校沟通的桥梁。家委会的建立是为了更好地协调家长与学校、家长与家长、家长与学生之间的关系，为学校和孩子的发展创设有利环境。家委会的主要工作包括沟通学校与家庭、参与和监督学校教育教学活动、为学校发展和建设出谋划策等。因为家委会需要家长投入一定的精力和时间，所以并不适合每位家长。如果条件不允许，没有加入家委会，家长也可以在家委会的推选、监督和支持家委会工作等方面贡献自己的力量。

4. 家长学校

家长学校是家长学习家庭教育知识和方法的学校。虽然很多家长在自己的专业领域已经具有较高水平，但面对孩子的教育问题有时依然束手无策，"重教不会教"的情况常常出现，归根结底是家长的教育理念和教育方式无法满足孩子发展的需求。这时，家长学校就为家长提供了一个学习科学育儿的"补课"和"充电"平台。

5. 家长开放日

家长开放日是指学校在某特定时间邀请家长走进学校，近距离、全方位地观察孩子在校的学习、生活情况，了解学校的办学理念和特色，其作用是增进家长对学校的信任和支持，促进家校协同育人。学校开展家长开放日活动的目的，一是让家长参与和体验孩子的在校生活，二是向家长展示学校的先进管理模式和优秀教育、教学水平。

除了以上常规形式，不少学校都有自己独特的家校合作形式，如上学、放学时维护校门治安的家长志愿者，学生研学旅行的家长领队，家长担任主讲的知识沙龙等。家长可以在这些家校合作形式中找到自己的一席之地，既能及时了解孩子在校的学习状况，也能向孩子传递这样一种信息：爸爸妈妈是关心我的。

二、沟通是建立良好家师关系的关键

在孩子的教育过程中，家长是孩子成长的引路人，老师则是孩子学习的导师，二者的共同目标都是孩子的全面发展和健康成长，但二者也有各自不同的职责和任务，无法相互替代。家长积极配合学校，与老师建立良好的关系，这样才能形成教育合力，共同促进孩子的健康成长。

《全国家庭教育调查报告（2018）》发现，在参与调查的班主任中，九成以上表示家校之间的沟通存在问题，其中四、八年级的班主任占比分别为95.6%和97.4%。排名前三位的问题包括"家长认为教育孩子主要是学校和老师的责任""家长参与沟通的积极性不高"和"与家长教育理念不一致"。从调查结果可以看出，部分家长将教育职责过多地交给学校，忽视了自身作为主要教育责任人的职责，遇到教育问题时容易推卸自身的责任。此外，家长参与沟通的积极性不高、教育理念与老师不一致等，都增加了双方的沟通难度，不利于良好家师关系的建立。

积极、顺畅的沟通是建立良好家师关系的基础，也是家长了解孩子在学校的学习情况和行为表现的重要途径。家长主动与老师取得联系，互通情况，有利于家庭与学校共同配合，把孩子教育得更好。家长该如何与老师进行有效沟通，才能实现彼此的"双向奔赴"呢？

（一）抓住关键时机与老师沟通

家长既不能不分时间、场合频繁与老师沟通，也不能一个学期都不跟老师说一句话，对孩子的在校情况一无所知。家长可以把握以下几个沟通时机。

（1）学期开始和结束时。学期开始时，家长可以主动与老师交流，了解本学期的教学计划和期望，同时向老师介绍孩子的特点和需求，以便老师能更好地因材施教。学期结束时，家长可以与老师一起总结孩子学习中的进步或不足，讨论下学期的目标和计划。

（2）孩子学习成绩出现较大波动时。家长应及时与老师沟通，了解成绩变化的具体原因，只有这样才能有针对性地帮助孩子解决问题。同时，家长也可以向老师请教如何更好地辅导孩子学习，使孩子尽快回到正轨。

（3）孩子行为表现异常时。如果孩子在学校的行为表现出现异常，如情绪波动、与同学发生冲突等，家长就应尽快与老师取得联系。一些孩子的异常情绪可能持续很久，不但影响学习，甚至还会做出一些极端的事情，因此家长要高度关注，及时向老师了解孩子在校情况，与老师共同寻找解决问题的办法，帮助孩子恢复正常状态。

（4）学校组织重要活动时。当学校组织家长会、亲子活动等重要活动时，家长应积极参与。这些活动不仅有助于增进家长与老师之间的了解，还可以让家长更全面地了解孩子在学校的表现。同时，家长也可以借此机会向老师表达自己的期望和建议，共同促进孩子的发展。

（5）预约单独沟通时间。如果家长有特别关心的问题或需要更深入地讨论，就可以与老师预约单独沟通时间。这样可以确保双方有足够的时间和空间进行深入交流，避免在公共场合打扰其他家长或老师。

（二）正确对待老师的批评和建议

家长要冷静看待老师对孩子的批评。老师的批评往往基于他们在课堂上对孩子学习表现的观察和专业判断，出发点是帮助孩子改进不足。面对老师的批评，家长首先要保持冷静，不要过于激动或情绪化，要理解老师的出发点是希望孩子能够进步，而不是刻意针对或打击孩子。家长应积极向老师了解批评的具体内容和原因，这有助于家长更全面地了解孩子在学校的表现和需要改进的地方，也可以避免因为误解或没有全面了解情况而产生不必要的焦虑或冲突。

当孩子受到老师批评时，要引导孩子认识到批评是成长的一部分，可以帮助他们认识自己的不足；还要让孩子明白，受到批评并不意味着自己一无是处，而是要从中吸取教训。可以与孩子一起制订改进计划，让孩子有目标地改进。老师的批评可能给孩子带来一定的心理压力和负面情绪，家长要密切关注孩子的情绪变化，对孩子多沟通、多鼓励，帮助孩子缓解压力、树立信心。

家长应当信任老师，积极听取老师的建议。教育在本质上是一种专业活动，家长要尊重老师的专业性，相信老师教书育人的专业能力。当老师提出建议时，家长一定要保持开放和尊重的态度，认真倾听并理解老师的想法。老师的建议可能涉及孩子的学习习惯、行为表现、兴趣发展等多方面，家长应理性地分析这些建议，结合孩子的实际情况有选择性地采纳，既不盲目跟从，也不全盘否定。

与孩子聊聊老师的建议，了解他们的想法和感受。这样做可以增进亲子间的理解和信任，也能让孩子感受到家长的关心和支持。如果在采用老师的建议时遇到了问题或者困难，就可以及时向老师反馈，寻求老师进一步的帮助和指导。

无论是否采纳老师的建议，都应表达对老师的感谢和尊重。老师的付出和努力是为了孩子的成长和发展，家长的认可和支持能够激发老师的工作热情和积极性。

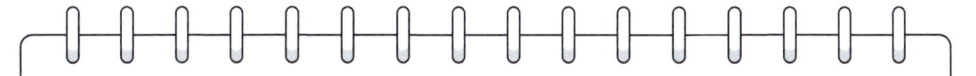

知识库

家长与老师沟通时的注意事项

（1）不以消极暗示开始对话。有的家长给老师打电话时，经常以这样的话开始："老师，孩子是不是又给您添麻烦了？""孩子最近在学校有没有问题？是不是上课捣乱啊？"这样其实给了老师一种暗示，即家长比较关心孩子表现不好的方面，老师就可能下意识地关注孩子表现不好的方面。

（2）多表达孩子对老师的积极感受和看法。家长和老师沟通时，可以传递孩子的积极表现和感受，引导老师关注孩子的进步。例如，家长可以这样说："我们孩子很喜欢您讲的课，总说您上课很有意思。他最近有没有进步啊？"老师就会意识到家长关注孩子的进步，经常注意孩子的优点和长处。孩子发现老师欣赏他，就会更乐于读书上进。

（3）向老师表达尊重。教育是专业的工作。与老师沟通时保持尊重，尊重老师的一些安排和做法。如果遇到意见不一致或不恰当的情况，家长可以用商量的口吻先提出自己的意见。此外，家长与老师沟通时，不要抱着"孩子不好，都是学校和老师的责任"等心态，不挑刺、不指责、不否定。

（4）配合老师的工作，向其反馈孩子的变化。对于老师安排的任务，家长应尽量配合、落实到位，并定期、不定期地向老师反馈该措施对孩子的影响。这可以让老师及时了解自己工作的效果，若孩子有积极的变化，老师会感到欣慰，"自己的努力没有白费"；若孩子变化不明显，老师也会想办法做出调整。

（5）遇到问题时，优先选择单独沟通。在孩子和老师发生矛盾、家长和老师发生矛盾时，尽量先选择单独、私下的沟通方式，不要在孩子、其他家长面前沟通。只有双方的沟通环境更有利于双方充分表达自己的感受和想法，聚焦于解决问题。例如，家长在班级微信群里与老师沟通孩子与老师的"矛盾"，其他家长发表的意见有可能模糊讨论的焦点，甚至扩大负面影响。

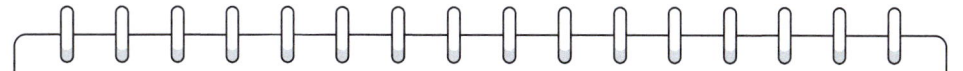

（6）遇到问题时，优先与当事老师或班主任沟通，不"越级"。当孩子和老师发生矛盾、家长和老师发生矛盾时，尽量先与当事老师或班主任沟通，了解实际情况，再讨论解决的办法，不要马上越级找年级长、教导主任或校长。这容易"小事化大"，并造成当事老师的困扰、"难堪"。当老师感受到家长对自己的尊重时，更愿意积极寻找办法解决问题。若与当事老师沟通无效，再与其他老师联系，寻求更好的解决方法。

三、帮助孩子建立良好的师生关系

师生关系是孩子在学校人际交往中的第一关系，对孩子的学业、情绪、行为、价值观等都有重要影响。研究数据表明，师生关系对学生学习成绩的影响是非常显著的。师生关系良好的学生，其学习成绩整体上好于师生关系不良的学生；师生关系中等的学生，其学习成绩比师生关系良好的学生差，但比师生关系不良的学生好。

良好的师生关系不仅让老师对孩子的学习和发展给予更多的关注和帮助，也会让孩子感受到学校和老师的支持和信任，形成积极的学习态度。

（一）积极的教师期望可以激发孩子的学习动机

教师期望是指老师对学生未来学习表现和成长发展的判断和预期。老师是孩子发展中的重要他人，其对孩子的期望会直接或间接影响孩子的发展。

心理学研究表明，老师对孩子的看法和预期会影响老师对待学生的方式，从而对学业产生影响。例如，如果老师对孩子持有较高期望，就会给予孩子更多的鼓励和表扬，而孩子会把这种积极的暗示转化为动机，不断进步。此外，孩子对自我的评价依赖于他人，当孩子感觉到老师对自己的高期望时，就会更自信、更加肯定自己的价值；当孩子感觉到老师认为自己没潜力时，就会丧失信心，认为自己"不是学习的料，怎么学都学不好"，甚至表现出"破罐子破摔"、自暴自弃。

中小学阶段的孩子对自己的评价不稳定，他们主要的评价依据来源于他人对自己的评价，尤其是老师的评价。对于不同年龄段的孩子，老师的评价和期望对他们的影响也不同。总体来说，教师期望对低年级的孩子影响更大、更重要；而随着年龄的增长，教师期望对孩子的影响逐渐减弱。因为低年级的孩子崇拜老师，渴望获得老师的认同和肯定，并且非常在乎老师对自己的评价。但随着孩子的自主性增强，他们对老师的依赖性减弱，渴望自己做主，对教师期望的看法更客观、理性。

需要注意的是，年龄小的孩子看事情比较"表面"，感知到的教师期望是不稳定的，容易"患得患失"。例如，孩子容易认为"今天我被老师提问了，说明老师喜欢我""今天老师没有提问我，也没跟我说话，说明老师不喜欢我了"。此时，家长如何引导孩子看待教师期望、评价等就尤为必要。

实验室

罗森塔尔效应——老师觉得你行，你就行

一、实验目的

探讨教师期望对学生学习的影响。

二、实验过程

研究者招募了某所学校一到六年级的学生和他们的班主任参与实验。在学期开始时，研究者让所有的学生参加一项智商测验。研究者对班主任"谎称"该测验能有效地预测一个学生未来的成就大小（事实上该测验并没有这种功能）。然后，研究者将每个班的学生随机分成实验组和控制组，两组的学生第一次智商测验的成绩基本相等。接着，研究者对班主任宣称被挑选进入实验组的学生是前十名的学生（实验组），他们的智力发展潜力更大，而进入控制组的学生在测验中表现一般。这就促使班主任相信实验组的学生比控制组的学生更有潜力、更可能在未来有所成就。在学期结束时，让所有的学生重新参加智商测验。通过前后两次智商测验成绩的差值，可以看出学生的发展情况。

三、实验结果

那些老师认为智商高、潜力大的孩子的第二次智商测验成绩明显高于那些老师认为一般的孩子。即老师对孩子抱有积极的期望（学生的智力发展有较大的潜力）更有利于孩子的发展，尤其是低年级的孩子。

以上研究出自著名心理学家罗森塔尔。此后，他还做了一系列研究，不但进一步证实了教师期望的存在，还详细描述了影响教师期望的各种因素。家长一定要从自己的角度让老师了解自己的孩子、对孩子有更积极的期望，并引导孩子与老师建立良好的关系。

（二）帮助孩子建立良好的师生关系

"亲其师，信其道；尊其师，奉其教；敬其师，效其行。"当孩子信任老师、喜欢老师的时候，就更愿意信服老师说的话，更愿意听从老师的指导，更愿意模仿老师的行为举止。当孩子不信任、不喜欢老师的时候，就会对老师产生一种抗拒、排斥的感觉，甚至厌恶。陷入这种消极情绪的孩子往往通过不同的方式将自己的情绪表现出来，如在课堂上不听讲，甚至故意捣乱；不做这门课的作业；考试故意乱答；总想着给老师"添麻烦"。家长可以作为老师和孩子之间的润滑剂，帮助孩子与老师建立积极、良性的关系。

家长应当了解孩子对老师的看法，留意孩子的师生关系。在日常生活中，家长可以与孩子定期、不定期地沟通和交流对老师的看法，或者观察孩子的言行，直接或间接地了解孩子对老师的评价，以及和老师的关系。

家长要为孩子做尊敬老师的榜样。一段关系的维护从相互尊重开始。孩子和老师的关系与家长和老师的关系分不开。家长需要为孩子树立好榜样——尊重老师、信任老师。家长不要在孩子面前贬低老师、否认老师。

家长要引导孩子正确看待老师对自己的期望。老师对孩子说的话、表现的行为，都会对孩子的情绪、想法等产生影响。孩子是当事人，比较敏感，有时候不能客观看待老师对自己的期望，甚至出现"误读"。家长需要做好孩子的"思想工作"，尤其是孩子年龄小的时候。

在不同的阶段，孩子与老师的关系也不同。了解不同阶段的师生关系特点，可以有针对性地对孩子进行引导和沟通。

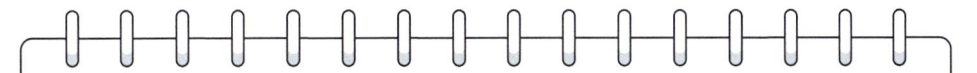

知识库

师生关系的发展阶段

随着年龄的增长，孩子的自我意识、思维能力不断发展，对老师的看法及与老师相处时的表现也不同。

（1）学前及小学低年级阶段。孩子喜欢与老师亲近，渴望得到老师的表扬，崇拜老师、听老师的话，因而与老师关系亲密。在学校，经常看到低年级孩子围着老师转，什么都愿意跟老师说。他们还会把老师的话当成"圣旨"，口头禅是"我们老师说了，应该……"

（2）小学中年级阶段。孩子对老师的看法开始具有批判性，能客观评价老师的行为。随着自我意识的增强，他们越来越渴望得到尊重和平等的对待。孩子有可能对老师产生反抗心理。

（3）小学高年级阶段。孩子需要老师的尊重，渴望与老师平等相处。他们不再"唯令是从"，开始有自己的想法。另外，此时师生间矛盾增加，他们会将与老师之间外显的冲突行为转变为内在的心理冲突。具体表现为漠不关心、缺乏反应的行为显著增加，即对老师"爱搭不理"。

（4）中学阶段。师生关系的亲密性下降，孩子不像小学阶段那样喜欢积极回答老师的问题，心里话不太愿意向老师倾诉，有困难也不会主动寻求老师的帮助。另外，渴望老师平等对待自己，不希望被过多管束。当跟老师的观点不一致时，孩子很容易冲动，顶撞老师，产生师生冲突。

参考文献

［1］David R. Shaffer， Katherine Kipp. 发展心理学（第九版）[M]. 邹泓，译. 北京:中国轻工业出版社，2016.

［2］F.菲利浦·赖斯，金·盖尔·多金. 青春期:发展，关系和文化（第11版）[M]. 陆洋，林磊，陈菲，译. 上海:上海人民出版社，2009.

［3］陈小异，王洲林，洪显利，赵晨鹰. 学习心理学[M]. 重庆:西南师范大学出版社，2015.

［4］本尼迪克特·凯里. 如何学习[M]. 玉冰，译. 杭州:浙江人民出版社，2017.

［5］黛安娜·帕帕拉，萨莉·奥尔兹，露丝·费尔德曼，孩子的世界（第11版）[M]. 郝嘉佳，岳盈盈，陈福美，郭素然，赵敏，译. 北京:人民邮电出版社，2013.

［6］劳拉·E.贝克. 婴儿、儿童和青少年（第5版）[M]. 桑标，译. 上海:上海人民出版社，2014.

［7］董奇，边玉芳. 心理学经典实验书系——儿童心理学[M]. 杭州:浙江教育出版社，2009.

［8］董奇，边玉芳. 心理学经典实验书系——教育心理学[M]. 杭州:浙江教育出版社，2009.

［9］约翰·D.布兰思福特等. 人是如何学习的:大脑、心理、经验及学校[M]. 程可拉，孙亚玲，王旭卿，译. 上海:华东师范大学出版社，2013.

［10］斋藤孝. 学会学习:从认知自我到高效学习[M]. 张祎诺，译. 南昌:江西人民出版社，2016.

［11］乔希·维茨金. 学习之道[M]. 苏鸿雁，谢京秀，译. 北京: 中国青年出版社，2017.

［12］唐娜·沃克·泰勒斯通. 初任教师教学ABC：学习是怎么发生的[M]. 朱湘茹，译. 北京:教育科学出版社，2013.

［13］安德斯·艾利克森，罗伯特·普尔. 刻意练习：如何从新手到大师[M]. 王正林，译. 北京: 机械工业出版社，2021.

［14］成甲. 好好学习: 个人知识管理精进指南[M]. 北京: 中信出版社，2022.